国家科学数据资源发展报告 2019

国家科技基础条件平台中心 著

·北京·

图书在版编目（CIP）数据

国家科学数据资源发展报告.2019 / 国家科技基础条件平台中心著. —北京：科学技术文献出版社，2020.10
ISBN 978–7–5189–7269–2

Ⅰ.①国… Ⅱ.①国… Ⅲ.①科学技术—数据管理—研究报告—中国—2019 Ⅳ.① G203

中国版本图书馆 CIP 数据核字（2020）第 205938 号

国家科学数据资源发展报告2019

策划编辑：周国臻　张　丹　责任编辑：马新娟　责任校对：王瑞瑞　责任出版：张志平

出　版　者	科学技术文献出版社
地　　　址	北京市复兴路15号　邮编 100038
编　务　部	（010）58882938，58882087（传真）
发　行　部	（010）58882868，58882870（传真）
邮　购　部	（010）58882873
官　方　网　址	www.stdp.com.cn
发　行　者	科学技术文献出版社发行　全国各地新华书店经销
印　刷　者	北京地大彩印有限公司
版　　　次	2020年10月第1版　2020年10月第1次印刷
开　　　本	787×1092　1/16
字　　　数	100千
印　　　张	8.5
书　　　号	ISBN 978–7–5189–7269–2
定　　　价	78.00元

版权所有　违法必究

购买本社图书，凡字迹不清、缺页、倒页、脱页者，本社发行部负责调换

《国家科学数据资源发展报告 2019》撰写组

组　　长　苏　靖

副 组 长　王瑞丹　李加洪

成　　员　（按姓氏笔画排列）

王　祎　王　晋　王　超　石　蕾　卢　凡
朱艳华　汤高飞　许东惠　纪　平　李俊瑶
杨雅萍　吴思竹　张　强　陈　昕　陈志辉
范治成　罗　葳　岳　琦　周　伟　周园春
周国民　周琼琼　赵国峰　胡　泊　胡永健
胡良霖　姜晓轶　徐　波　徐振国　高孟绪
高鲁鹏　高瑜蔚　程　苹　赫运涛

执　　笔　石　蕾　高孟绪　胡良霖　朱艳华

前　言

科学数据作为国家科技创新和经济社会发展的重要基础性战略资源，已经成为全社会的高度共识。科学数据总量的快速增长、数据密集型科研范式的迅速发展及科学研究对现代社会全方位的渗透等正在形成叠加效应，共同提升了科学数据的战略价值和社会效用。2018年是我国科学数据发展历程中具有重要意义的一年，《科学数据管理办法》由国务院办公厅正式印发，成为我国首个国家层面的科学数据管理制度，为我国科学数据工作确定了行动纲领。同年，科技部、财政部共同发布《国家科技资源共享服务平台管理办法》，将国家科学数据中心作为一类国家科技资源共享服务平台，规范其建设和运行服务，成为基础支撑与条件保障类国家科技创新基地，持续推进我国科学数据资源面向社会开放共享。

2018年，科学数据管理应用及数据中心建设发展在全球范围内受到高度关注。科学数据已成为解决复杂科学问题的重要因素，尤其是随着物联网基础设施的广泛普及和人工智能应用的突破性进展，使科学数据的获取、存储和处理将更加自动、智能和便捷，基于超大规模科学数据的全球协作解决科技重大问题的模式日趋形成。《通用数据保护法案》（GDPR）于2018年5月在欧盟正式施行，从法律上明确了个人"数据资产"的所有权，被国际社会视为"史上最严的数据保护法案"。在数据中心发展方面，世界数据系统的可信数字仓储核心认证机制（CTS）进入正式实施阶段，截至2018年年底，全球共有43个科学数据中心通过可信认证，中国天文数据中心也成为亚洲首个通过CTS认证的数据中心。

在我国，随着科技创新投入和创新水平的不断增强，科学数据总量持续高速增长。其中，国家重大科研基础设施、长期监测网络、高通量仪器设备等成为带动数据量快速增长的重要力量。例如，500米口径球面射电望远镜（FAST）每天将产生约500 TB的零级未压缩数据；国家生态系统观测研究网络中保存的联网长期监测数据突破2000万条，时间跨度超过30年。我国科学数据类国家科技资源共享服务平台有效管理的科学数据总量达到40.7 PB，基本实现对若干重点学科领域优质数据资源的有效整合，并在基础研究、政府决策、创新创业、科学普及等方面提供了有力的数据资源支撑与服务。与此同时，在科技计划项目科学数据汇交、科学数据出版、标准化研制及国家交流合作等方面也取得了一定成效，积累了实践经验，从多个角度持续推进科学数据管理与应用发展。

本报告基于2018年度国内外科学数据相关工作的发展现状，通过开展国内与国外、宏观与微观的不同对比，识别并呈现全球大趋势下我国科学数据资源发展态势，聚焦国家科学数据相关制度研制与落地实施，特别是《科学数据管理办法》落实情况。在继承《国家科学数据资源发展报告2018》中科学数据资源发展状况的基础上，分析和探讨了我国当前科学数据资源生产管理与整合汇交、开放共享与应用服务情况，梳理总结了科学数据类国家科技资源共享服务平台年度重要工作进展，提出持续推动我国科学数据管理与开放共享的对策建议。

本报告共分为9章，第一章"科学数据发展的新趋势"，深入阐述了2018年度国际科学数据资源发展的新动态和新趋势，特别是在科学数据汇聚、数据中心认证认可及隐私保护方面的新进展。第二章"我国《科学数据管理办法》正式发布"，全面介绍了《科学数据管理办法》出台的重要意义及其措施内容，并对部分地区科学数据管理实施细则进行了分析。第三章至第五章分别从"科学数据规模与质量""科学数据开放共享与应用服务""科学数据标准研制与数据汇交"3个方面，围绕科学数据的生命周期对2018年度我国科学数据的资源数量和质量、科学数据开放共享与应用服务，以及数据标准与汇交等情况进行了阐述。第六章"科学数据出版"以国内现有的科学数据出版期刊为代表，介绍其在办刊模式、数据论文出版平台建设等方面的探索和实践。第七章"科学数据国际合作"通过典型案例分析介绍了国内科学数据多渠道提升国际影响力的举措，以及在国际上获得的奖项与国际组织的任职情况。第八章"国家科技资源共享服务平台年度工作进展"重点介绍了在国家层面长期支持建设的8个学科领域的科学数据类国家科技资源共享服务平台在数据资源建设、管理与共享服务等方面的年度进展成效。第九章"我国科学数据资源发展展望"结合我国科学数据管理和共享应用年度现状，从加快推动国家科学数据中心建设、加强科学数据确权、加大数据资源整合力度、推动科学数据出版，以及大力培养复合型科技人才等方面提出推动我国科学数据资源持续发展的对策和建议。

目 录

第一章 科学数据发展的新趋势 ································ 1
  一、科学数据作为基础性战略资源日益受到广泛关注 ············· 1
  二、科学数据资源持续向世界知名数据中心汇聚 ··············· 3
  三、世界数据系统（WDS）正式开始实施新的认证机制 ········· 7
  四、隐私保护成为科学数据管理与应用中探讨的重要问题 ········ 10

第二章 我国《科学数据管理办法》正式发布 ··················· 12
  一、首个国家层面科学数据管理办法发布 ···················· 12
  二、加强科学数据全生命周期管理 ························· 14
  三、明确提出建设国家科学数据中心 ······················· 15
  四、多个省份发布数据管理实施细则 ······················· 16

第三章 科学数据规模与质量 ································· 19
  一、科学数据总量快速增长 ······························ 19
  二、科学数据质量评价与质量控制有新进展 ·················· 25

第四章 科学数据开放共享与应用服务 ························· 30
  一、科学数据共享应用服务模式日益丰富 ···················· 30
  二、科学数据共享服务典型案例 ·························· 34
  三、科学数据应用与人工智能、区块链等新技术融合互促 ········ 37

第五章 科学数据标准研制与数据汇交 ························· 39
  一、科学数据标准体系研究扎实推进 ······················· 39
  二、科学数据汇交工作取得初步成效 ······················· 42

第六章 科学数据出版 ······································ 45
  一、科学数据出版的进展与成效 ·························· 45

二、科学数据出版平台典型案例 …………………………………… 47

第七章　科学数据国际合作 ………………………………………………… 51
　　一、科学数据国际化影响力稳步提升 ………………………………… 51
　　二、科学数据工作者获得国际同行认可 ……………………………… 54

第八章　国家科技资源共享服务平台年度工作进展 ……………………… 57
　　一、国家地球系统科学数据共享服务平台 …………………………… 57
　　二、国家基础科学数据共享服务平台 ………………………………… 60
　　三、国家农业科学数据共享服务平台 ………………………………… 64
　　四、国家林业科学数据共享服务平台 ………………………………… 67
　　五、国家气象科学数据共享服务平台 ………………………………… 71
　　六、国家地震科学数据共享服务平台 ………………………………… 74
　　七、国家海洋科学数据共享服务平台 ………………………………… 77
　　八、国家人口与健康科学数据共享服务平台 ………………………… 81

第九章　我国科学数据资源发展展望 ……………………………………… 85
　　一、加快推动国家科学数据中心建设，提高资源管理与应用能力 … 85
　　二、加强科学数据确权研究，提高科学数据共享利用效率 ………… 86
　　三、加大数据资源整合力度，重点推进科技计划项目科学数据
　　　　汇交 ……………………………………………………………… 86
　　四、推动科学数据出版，探索激励科学数据开放共享的有效途径 … 87
　　五、大力培养科学数据管理应用的复合型科技人才 ………………… 87

附录 A　省市科学数据管理实施细则内容简介 …………………………… 89
附录 B　国内有关领域科学数据资源所在机构 …………………………… 93
附录 C　国外主要领域科学数据资源所在机构 …………………………… 106
附录 D　世界数据系统（WDS）成员名单 ………………………………… 114

第一章　科学数据发展的新趋势

科学数据是国家科技创新和经济社会发展的重要基础性战略资源，也是科学发现和知识创新的重要依据与基石，已经成为全社会的高度共识并在全球范围内得到广泛关注。国际上，欧美等发达国家通过长期、持续支持科学数据中心建设，虹吸全球科学数据资源并驱动科技创新发展。2018 年度，科学数据国际组织——世界数据系统（World Data System，WDS）联合荷兰数据认可印章（Data Seal of Approval，DSA），正式启用全新认证机制——核心信任印章（CoreTrustSeal，CTS）对科学数据中心进行认证，有力推动了全球科学数据中心的组织管理与技术发展，也促进了不同领域科学数据的融合应用。随着科学数据开放共享持续推进，在数据应用过程中的隐私保护问题日益凸显，《通用数据保护法案》（GDPR）在欧盟的正式施行，更是引发了全球对数据隐私保护等问题的广泛探讨。

一、科学数据作为基础性战略资源日益受到广泛关注

随着科学数据量的爆炸式增长，科学研究已经进入数据密集型科学发现时代，科学数据已经成为科学研究的战略性、基础性资源，全球各国纷纷将科学数据管理纳入国家发展战略。美国在 20 世纪 90 年代确立了在国家层面建设国有科学数据和信息全社会共享环境的战略部署，原则上除危及国家安全、影响政府政务和涉及个人隐私的数据和信息以外的国有（公共领域）数据和信息全部实施"完全与开放"（full and open）的共享国策。欧盟"地平线 2020"发布的《开放数据：创新、增

长和透明治理的引擎》要求欧盟及其成员国建立相关的法律机制并采取相应的财政措施,以推动各国在开放数据领域开展合作。英国、澳大利亚、加拿大、日本等均从国家层面推动科学数据的规范化管理,国际数据委员会(CODATA)、研究数据联盟(RDA)等国际组织继续推动全球科学数据开放共享的研究和协作。2018年度内,欧美等发达国家和科学数据相关国际组织在大数据战略的带动下继续开展更加广泛且深入的科学数据工作。随着科技水平的不断进步,科学研究方法也伴随着发生了重要变革,呈现出数据密集型研究和科学数据驱动科学新发现等多个特点,科学数据逐步发展成为解决复杂科学问题的重要因素。

我国历来高度重视科学数据等相关科技资源建设工作,面向科学数据规范管理的相关政策文件等相继出台,进一步保障和推动了科学数据管理与开放共享工作。随着科学日益受到广泛关注,科学数据总量的极大增长、数据密集型科研范式的迅速发展及科学研究对现代社会全方位的渗透等多种因素正在形成叠加效应,共同提升了科学数据的战略价值。在中国知网CNKI学术文献总库中,以"科学数据"作为主题词(包括关键词、篇名、摘要)进行检索,可以发现相关研究论文呈现逐年稳定上升的趋势,特别是2011年以后的上升趋势更加明显,如图1.1所示。其中,在2018年发表的532篇相关论文中受到研究者们关注最多的5个主题词为大数据、数据科学、科学数据、大数据时代和数据共享。在大科学、大数据时代,重视科学数据管理和科技创新能力建设,对进一步提升科学数据工作水平,发挥国家财政投入产出效益,提高科技创新、经济社会发展和国家安全支撑保障能力具有重要意义。

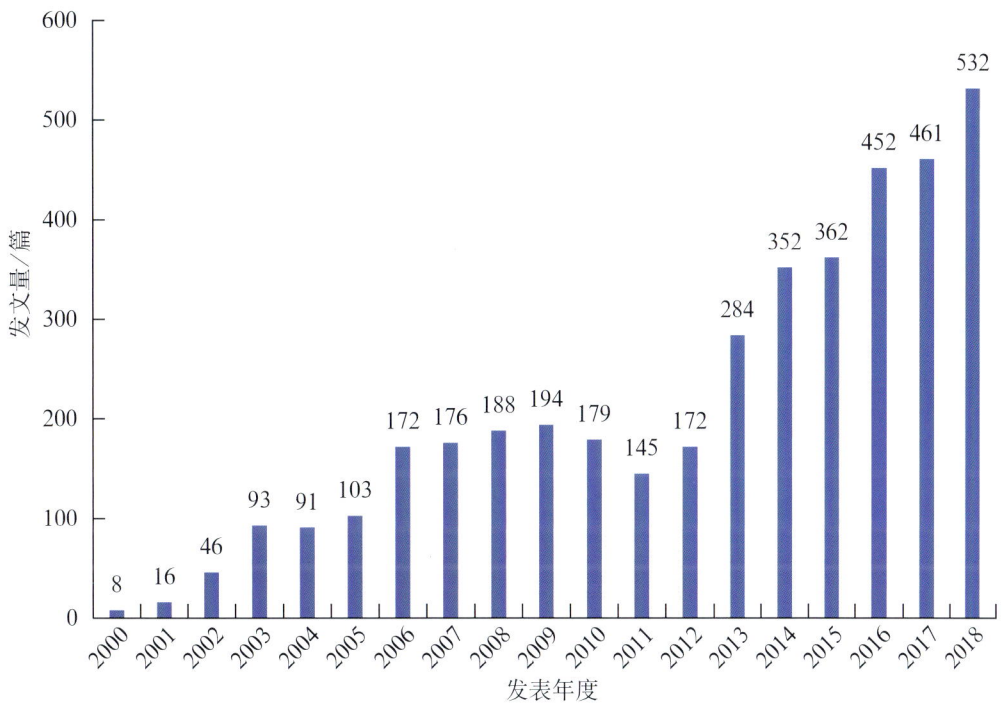

图 1.1 在中国知网 CNKI 中检索主题词"科学数据"的
年度论文发表数量（2000—2018 年）

二、科学数据资源持续向世界知名数据中心汇聚

科学数据中心是开展科学数据管理、共享和应用服务的专业化机构。欧美等西方发达国家长期支持科学数据中心建设，在诸多学科领域有效虹吸全球资源，驱动本国科技创新发展。其中，美国、欧洲、加拿大、日本等已经在众多学科领域建立了多个数据保存、数据归档、数据服务的国家级科学数据中心，并通过科学数据出版、权威期刊联盟、可信认证等"高门槛"举措，促使越来越多的科学家也将其收集到的研究数据分享到这些吸引力强的数据共享平台，一些学科领域先后形成少数几个"强者越强、大者更大"的科学数据中心，其中生物、空间、海洋等学科领域的部分知名数据中心名录如表 1.1 所示。

表 1.1 部分领域全球知名科学数据中心

学科领域	数据中心	所属国家
生物	美国国立生物技术信息中心（NCBI）	美国
	欧洲生物信息学研究所（EBI）	欧洲
	日本 DNA 数据库（DDBJ）	日本
	组学原始数据库系统（GSA）	中国
微生物	世界微生物数据中心（WDCM）	中国
空间	国家空间科学数据中心（NSSDC）	美国
天文学	法国斯特拉斯堡天文数据中心（CDS）	法国
	加拿大天文数据中心（CADC）	加拿大
大气	世界温室气体数据中心（WDCGG）	日本
海洋	美国国家海洋数据中心（NODC）	美国
	美国国家海洋和大气管理局（NOAA）	
地震	美国国家地震信息中心（NEIC）	美国

这些数据中心依托有关科学研究计划、科学联盟、国际组织、科学期刊和认证体系等，在全球范围内吸纳相关领域数据的汇聚，在促进所在国家或国际组织的领域数据汇聚、共享和应用服务的同时，更是极大提升了相关国家的科技创新水平，并引领其当今全球数据驱动的科研创新发展。

以生命科学为例，美国、欧洲和日本早在 2005 年即共同建立了国际核酸序列数据库合作联盟（International Nucleotide Sequence Database Collaboration，INSDC），包括美国 NCBI 的 GenBank、欧洲 EBI 和日本 DDBJ 三大数据库系统，这三大系统形成了领域内数据存储和共享使用的标准，接收并存储来自全世界科学家提交的组学数据，同时数据库系统间每日交换更新各自的序列数据和信息。2016 年，中国科学院北京基因组研究所研发构建并上线了组学原始数据库系统（Genome Sequence Archive，GSA），该系统遵循国际核酸序列共享联盟 INSDC 的相关标准，立足中国，服务全球。经过近几年发展，GSA已被多家国际顶级杂志认可，包括《自然》《科学》《细胞》等多个国际知名期刊在内的论文作者将论文相关科学数据提交到GSA存储。中国GSA的快速发展，在一定程度上打破了原先三大数据库系统对该领域的长期垄断，作为INSDC数据库体系的补充，也给我国科研人员远距离传输论文相关科学数据节省了时间。

美国国立生物技术信息中心（NCBI）

1988年，美国国家医学图书馆将Lister Hill国家生物医学交流中心的一个项目独立出来，成立了美国国立生物技术信息中心（NCBI），其职责之一是收集全世界的生物技术数据。NCBI成立30年来持续获得稳定经费支持，由初建时的几十人，已经发展到如今700余人的规模。

NCBI为分子生物学研究者提供数据存储和处理平台，除了广为人知的GeneBank核酸序列数据库外，NCBI还可以提供众多功能强大的数据检索与分析工具。目前，NCBI提供的资源有Entrez、PubMed、Entrez Gene、NCBI Taxonomy Browser、BLAST等共计数十项数据资源与数据管理功能。在政府全额拨款支持下，NCBI现今已经形成了具有30 PB存储、千万亿次计算资源及110 Gbps网络带宽资源的全球领先科学数据中心，有力支持了美国生命科学研究领域在全球范围的领跑式发展。

欧洲生物信息学研究所（EBI）

欧洲生物信息学研究所（EBI）的前身是1980年在德国海德堡建立的欧洲分子生物学实验室（EMBL）核酸序列数据库。1992年，EMBL在英国Hinxton建立了EBI。EBI最早只有两个数据库——欧洲核酸归档库（ENA）和蛋白序列资源库（UniProt），经过多年持续发展，

EBI 现有员工约 600 人，运行经费主要来自欧盟各国政府，特别是英国政府。目前，EBI 已建成世界上最全面的分子生物学数据库集合，管理总数据量达 12 PB，每月用户数为 320 万。

日本 DNA 数据库（DDBJ）

在欧洲 EMBL 和美国 GenBank 邀请下，日本政府成立了日本 DNA 数据库（DDBJ），并在 1987 年发布 DDBJ release 1，标志着该数据库开始正式运行。DDBJ 现有员工约 50 名，年经费 890 多万美元，主要由日本文部省资助。目前，DDBJ 自有数据量约为 3 PB，年用户数超过 20 万。

组学原始数据库系统（GSA）

2016 年，中国科学院北京基因组研究所生命与健康大数据中心研发构建并上线了组学原始数据存储归档系统 GSA。GSA 是一个公共的、免费的组学原始数据存储库，在建设标准上遵循国际 INSDC 数据库体系的数据标准和数据库结构标准，在内容上收集生命科学研究中产生的组学测序数据及其元数据信息，并且接受来自全世界科研人员的数据递交与获取请求。在组学大数据时代，GSA 作为当前 INSDC 数据库体系的补充，极大方便了中国科学家的数据递交，承担了推动国际组学大数据共享的责任，也有利于中国产出的组学数据递交到中国 GSA 数据库系统后的统一存储、管理与共享。

经过长期支持科学数据建设与发展，目前我国已经初步形成了一批优势较为明显的科学数据中心，取得了良好的社会效益和经济效益、科技支撑和应用效果。例如，落户在中科院微生物所的世界微生物数据中心 WDCM 牵头启动了全球微生物模式菌株测序计划，已经获得超过 10

个国家 20 余个研究机构的积极参与，显示了 WDCM 在国际微生物数据领域的引领地位。然而，面对当前科技创新对科学数据管理的需求，我国科学数据的管理与应用仍然有明显不足，科学数据中心建设存在发展水平不均衡、国际影响力不够等问题，我国产生的许多高价值科学数据并未在国内得到充分共享和使用。以基因组数据为例，据统计，NCBI 数据库接收了来自全球 46 个国家 120 个单位的数据汇交，而其中 25% 以上的数据来自中国①。

三、世界数据系统（WDS）正式开始实施新的认证机制

2018 年国际科学理事会下属世界数据系统（WDS）正式对科学数据中心实施全新认证机制－核心信任印章（CTS）认证。荷兰数据认可印章（DSA）早在 2005 年即建立了可信赖数字仓储核心认证机制，为数据存储库提供核心认证。2017 年 WDS 和 DSA 联合推出 CTS 认证，取代原有 WDS 定期成员认证和 DSA 认证。CTS 认证从组织架构、数字对象管理和技术 3 个大的维度，对数据中心的工作使命、开发与运维、专家团队、数据质量、工作流、数据安全等 16 个角度进行评估，具体的指标项详见表 1.2。同时采用 0～4 的 5 个级别对数据存储库进行系统评估，依次代表不适用、尚未考虑、已有理论性概念、正在实施阶段和已经完成实施。

2018 年世界数据系统（WDS）在全球开展新一轮的国际科学数据中心认证。中国的 WDS 数据中心自 2017 年开始参与首批 CTS 认证。2018 年 10 月，中国天文数据中心正式通过 CTS 认证，成为亚洲首个通过该认证的数据中心。截至 2018 年年底，全球已有 43 个科学数据中心通过

---

① 鲍一明，薛勇彪. 生命与健康大数据现状和展望 [J]. 中国科学院院刊，2018，33（8）：861-865.

CTS 可信认证，但绝大多数数据中心位于欧美国家[①]。

表1.2 核心信任印章（CTS）16项认证条款

序号	类型	指标项
1	组织架构	使命/范围 Missson/Scope
		许可 License
		访问连续性 Continuity of access
		保密/伦理 Confidentiality/Ethics
		组织基础设施 Organizational infrastructure
		专家指导 Expert guidance
2	数字对象管理	数据完整性与真实性 Data integrity and authenticity
		评价 Appraisal
		记录存储程序 Documented storage procedures
		保存计划 Preservation plan
		数据质量 Data quality
		工作流 Workflows
		数据发现和识别 Data discovery and identification
		数据重用 Data reuse
3	技术	技术架构 Technical infrastructure
		安全 Security

目前，在科学数据方面主要有3个重要的综合性国际组织，分别为国际数据委员会（CODATA）、世界数据系统（WDS）和研究数据联盟（RDA），3个国际组织在政策研究制定、数据中心发展和数据创新应用等方面各有侧重又融合互促，通过组织学术会议、开展认证认可、支持创新实践等多种方式促进科学数据资源发展。

---

① 资料来源：https://www.coretrustseal.org/why-certification/certified-repositories.

国际数据委员会（CODATA）

国际数据委员会（CODATA）原称国际科技数据委员会，是原国际科学联合会下属一级学术机构，其宗旨是推动科技数据应用，发展数据科学，促进科学研究，造福人类社会。CODATA致力于通过国际交流与合作提升各个领域研究数据的可获取性，以及提升此类数据的互操作性和可用性。CODATA支持在可查找、可访问、可互操作和可重用的原则下（FAIR数据原则），采取适当措施促进开放数据和开放科学。CODATA设有全体会议、执委会和秘书处，下设工作组和任务组开展工作，其中全体会议是最高权力机构。

2018年7月，国际科学联合会和国际社会科学联合会正式合并成为国际科学理事会（International Science Council, ISC），国际科技数据委员会也相应更名为国际数据委员会，从国际科学联合会下的一个专门关注科学数据的跨学科国际组织演变成ISC下推动大数据与数据科学发展的主要机构。

世界数据系统（WDS）

世界数据系统（WDS）是国际科学理事会在2008年第29届大会上成立的跨学科组织，其前身是1957年成立的世界数据中心（World Data Center, WDC）。WDS的使命是支撑国际科学理事会的长期愿景，在自然科学、社会科学和人文科学等一系列学科之间，为科学数据、数据服务、产品和信息提供有质量保证的长期管理和平等访问，促进遵守相互协定的数据标准和实践，提供促进和改进数据访问的机制，并采用"数据共享原则"推进其目标。

WDS目前共有80个常规会员、11个网络会员等在内的超过100个机构会员。

> **研究数据联盟（RDA）**
>
> 研究数据联盟（RDA）由美国、欧盟和澳大利亚于2012年联合发起，其目标是致力于推动全球数据驱动创新与发现、促进全球研究数据共享与交换、加强数据重复利用与开发、完善全球数据标准化。RDA的指导原则包括开放性（openness）、一致性（consensus）、平衡性（balance）、协调性（harmonization）、团体驱动（community driven）和非营利（non profit）。自RDA成立以来，以支持工作组、兴趣组方式，推动了科学数据政策、标准、技术研究和数据共享实践活动，同时汇聚了一大批数据科学家参与数据管理共享工作。

四、隐私保护成为科学数据管理与应用中探讨的重要问题

美国、欧盟、日本等发达国家/地区较早开始关注数据隐私保护问题，其隐私保护立法主要是在个人数据保护法律和政府信息公开体系的基础上发展完善的。2018年5月，欧盟新的个人数据保护法案《通用数据保护法案》（GDPR）正式施行，取代之前的《欧洲数据保护条例》，该法案确立了公民的知情权、访问权、反对权、个人数据可携权和被遗忘权5种权力，旨在保护数据时代的欧洲公民免于隐私数据泄露。GDPR被视为史上最严的个人数据保护条例，其适用范围的专门性及严厉性引起了各方广泛、深度的关注。该法案规定以欧盟成员国作为注册地的从事数据保护的企业，必须遵守GDPR对于个人数据保护的规定。同时，企业的个人数据处理行为发生在欧盟地域范围之内受到欧盟GDPR的管控，而与个人有关的、应用到科学研究的数据也属于该法案保护的范围。

国内学者持续关注科学数据隐私保护问题，文献研究发现相关研究

科学数据发展的新趋势 第一章

论文呈现明显年度上升趋势。在中国知网 CNKI 学术文献总库中，以"科学数据"和"隐私保护"为主题词（包括关键词、篇名、摘要）进行检索，结果如图 1.2 所示。其中 2018 年度的论文重点关注隐私保护、数据发布、数据挖掘等主题。但比较而言，我国数据隐私保护方面的立法仍处于探索阶段，没有形成专门针对个人信息安全隐私保护的法律法规。从 2018 年科技部公开处罚的 6 家公司和机构未经许可[①]，将部分人类遗传资源数据从网上传递出境的问题来看，在大数据时代，数据隐私保护的需求和难度正在不断加大，亟待从司法层面加强个人隐私权益的法律保障，完善隐私保护的主体、客体、对象和范围。

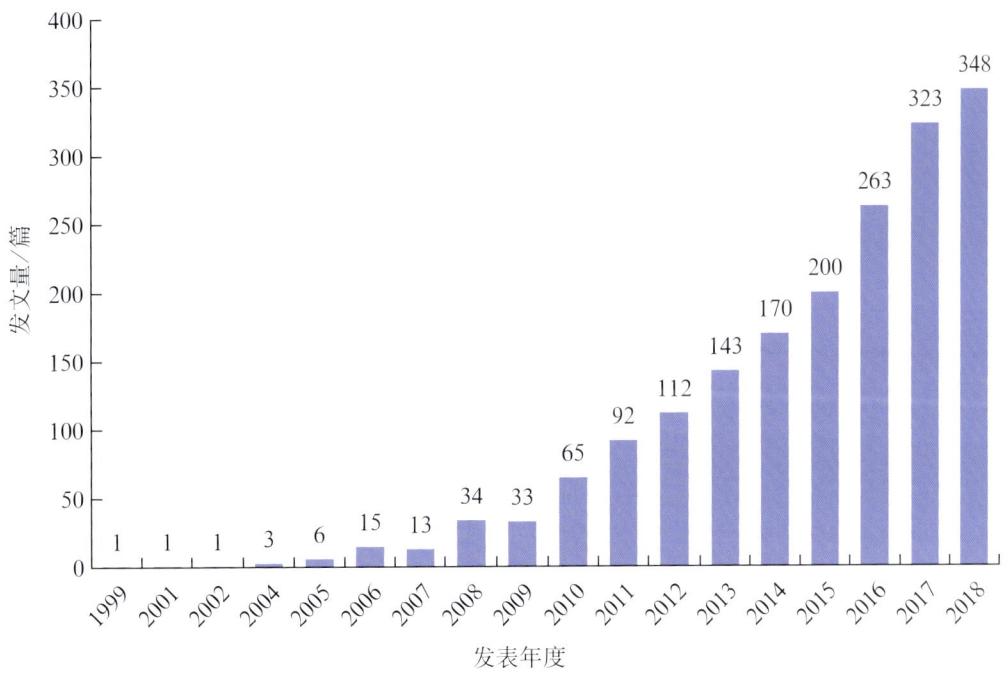

图 1.2　在中国知网 CNKI 中检索主题词"科学数据"和"隐私保护"的年度论文发表数量（1999—2018 年）

---

① 资料来源：https://www.thepaper.cn/ 六单位违反中国人类遗传资源管理规定被罚。

第二章 我国《科学数据管理办法》正式发布

2018年3月，国务院办公厅正式发布《科学数据管理办法》，提出加强监管、知识产权保护、数据积累和保存等具体措施，规范数据全生命周期管理，明确提出建设国家科学数据中心，标志着我国正式在国家层面加强和规范科学数据管理工作。此外，8个省市在2018年相继发布实施细则，提出构建以科学数据中心为载体的多级管理架构、创建具有自身特色的数据管理模式、提高标准规范意识、加强平台建设、强调数据保密和安全、重视评价考核制度等具体措施。

一、首个国家层面科学数据管理办法发布

党中央、国务院长期以来一直高度重视科学数据工作。面对当前科技创新对科学数据管理的需求，以及我国科学数据管理与应用中仍然存在的明显不足，2018年3月国务院办公厅正式印发《科学数据管理办法》（以下简称《数据办法》），它成为我国首个国家层面的科学数据管理办法。《数据办法》的发布为我国科学数据工作确定了行动纲领，它明确提出要加强和规范科学数据管理，保障科学数据安全，提高开放共享水平，以更好地支撑国家科技创新、经济社会发展和国家安全。

《数据办法》在制定过程中，深刻把握了大数据时代科学数据发展趋势，充分借鉴国内外先进经验和成熟做法，加强科学数据全生命周期管理。同时，把确保数据安全放在首要位置，强调科学数据共享要以安全可控为前提，强化国家关键数据资源保护能力。大力推进科学数据资

源开放共享,坚持"开放为常态、不开放为例外"的原则,特别是国家财政资金支持产生的科学数据开放共享。聚焦我国科学数据工作存在的薄弱环节,围绕职责不清、能力不足、应用水平不高等问题,提出针对性的措施。

《数据办法》着重从5个方面提出了具体举措:①明确各方职责分工。明确了主管部门和法人单位的职责,强化了法人单位的主体责任,体现"谁拥有、谁负责""谁开放、谁受益"的原则。同时,对科学数据的生产者和使用者提出了明确要求。②加强对科学数据交流和利用的监管。按照"分级分类管理,确保安全可控"的原则,明确主管部门和法人单位依法确定科学数据的密级及开放条件。③加强知识产权保护。对科学数据使用者和生产者的行为进行了规范,体现对科学数据知识产权的尊重。同时,对科学数据生产者也做出了约束,将严惩数据造假等行为。④加强数据积累和保存。要求科技计划项目产生的科学数据进行强制性汇交,并通过科学数据中心进行规范管理和长期保存。⑤加强科学数据管理能力建设。提出法人单位要在岗位设置、绩效收入、职称评定等方面建立激励机制,将科学数据工作情况作为重要考核内容(图2.1)。

伴随着《数据办法》的出台,我国迎来了发展科学大数据的重要历史机遇。《数据办法》提出的诸多举措旨在补齐我国科学数据管理中存在的短板,将推动我国各领域科学数据之间的流通和融合。在创新驱动发展的大背景下,《数据办法》的出台有助于打通科技创新和经济社会发展之间的通道,有利于加大科学数据共享力度,促进创新链和产业链深度融合,提升科学数据增值效益,激发科学研究的原始创新活力,助力数据驱动创新的国际竞争力,对于我国科学数据管理与共享具有里程碑式的历史意义和现实价值。

国务院办公厅印发《科学数据管理办法》

图 2.1 《科学数据管理办法》图解

二、加强科学数据全生命周期管理

《数据办法》强调科学数据管理应围绕其全生命周期开展，关键节点主要有"采集、生产—汇交—保存—共享—利用"等，如图 2.2 所示。

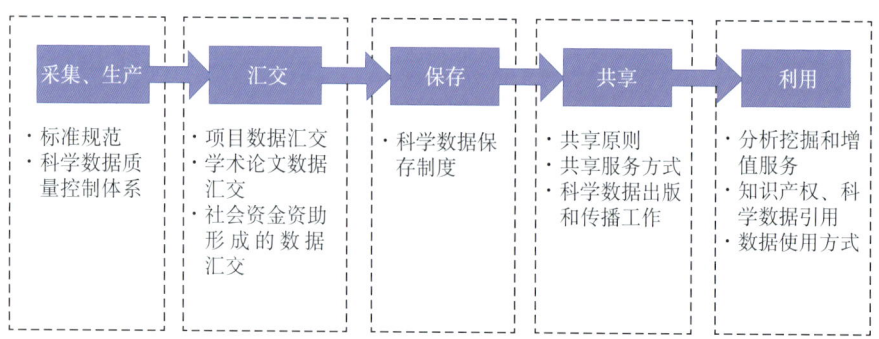

图 2.2 科学数据全生命周期管理示意

《数据办法》对科学数据全生命周期的不同阶段提出了明确要求。①在科学数据生产和采集阶段，要求法人单位及科学数据生产者要按照相关标准规范组织开展科学数据采集生产和加工整理，建立科学数据质量控制体系，保证数据的准确性和可用性。②在科学数据汇交阶段，要求建立科学数据汇交制度和国内外学术论文数据汇交的管理制度，政府预算资金资助的各级科技计划项目所形成的科学数据，汇交到相关科学数据中心。③在科学数据保存阶段，要求法人单位建立科学数据保存制度，配备数据存储、管理、服务和安全等必要设施，保障科学数据完整性和安全性。④在科学数据共享阶段，提出政府预算资金资助形成的科学数据应当按照"开放为常态、不开放为例外"的原则，以在线下载、离线共享或定制服务等方式进行共享，并鼓励社会组织和企业开展市场化增值服务。⑤在科学数据利用阶段，要求科学数据使用者遵守知识产权相关规定，在论文发表、专利申请、专著出版等工作中注明所使用和参考引用的科学数据。

三、明确提出建设国家科学数据中心

科学数据中心是科学数据管理的重要载体，是科学数据汇集、管理、开放共享和长期保存的重要基础设施。《数据办法》明确提出国务院科学技术行政部门应加强统筹布局，在条件好、资源优势明显的科学数据中心基础上，优化整合形成国家科学数据中心。《数据办法》还指出科学数据中心要由主管部门委托有条件的法人单位建立，主要职责包括：承担相关领域科学数据的整合汇交工作，负责科学数据的分级分类、加工整理和分析挖掘，保障科学数据安全并依法依规推动科学数据开放共享，以及加强国内外科学数据方面交流与合作。

同期，科技部、财政部在共同发布的《国家科技资源共享服务平台管理办法》中，明确提出国家科学数据中心属于一类国家科技资源共享服务平台。进一步细化明确了国家科学数据中心作为基础支撑与条件保障类国家科技创新基地应承担的主要任务，包括围绕国家战略需求持续开展重要科技资源的收集、整理、保存工作；承接科技计划项目实施所形成的科技资源的汇交、整理和保存任务；开展科技资源的社会共享，面向各类科技创新活动提供公共服务，开展科学普及，根据创新需求整合资源开展定制服务；建设和维护在线服务系统，开展科技资源管理与共享服务应用技术研究等。

国家科学数据中心的建设与发展是推动创新型国家建设的重要支撑，数据中心建设将结合国家战略和创新发展需求进行顶层设计和布局，同时在全国范围内推动分散的科学数据进行集中汇交、保存和持续积累。目前，我国已经初步建设了一批国家科学数据中心，今后将继续加强不同学科领域国家科学数据中心的培育和建设，规范国家科学数据中心的运行和管理，加强国家科学数据的科学数据汇聚、保存、规范管理、开放共享与服务能力建设，加快建设具有重要影响力的国家科学数据中心。

四、多个省份发布数据管理实施细则

《数据办法》发布后，各省市、部门等加紧配套政策研制，制定并出台科学数据管理实施细则。截至2018年年底，已有陕西省、云南省等8个省份正式发布《数据办法》相关实施细则，推动科学数据管理办法落实。其中《陕西省科学数据管理实施细则》最先于2018年8月发布，对《数据办法》有关条文做了细化，提出进一步加强和规范科学数据管理，保障科学数据安全，提高科学数据开放共享水平，更好地支撑陕西省科技创新和经济社会发展。

分析8个省份落实《数据办法》制定的实施细则，清晰呈现出地方政府科学数据管理的基础和特点，主要表现为以下几个方面。

①明确各方职责分工，形成以科学数据中心为载体的多级管理架构。整体来看，科学数据管理工作分工明确、权责明晰，形成了政府部门领导、主管科技部门分制、责任部门承担、科学数据中心实施的多级管理架构。其中，部分省份的政策还对管理体系进行了探索。例如，广西设立"科学数据管理委员会"和"科学数据管理专家委员会"，前者承担宏观管理和综合协调工作，后者承担专业化技术咨询、决策参考和培训服务的相关工作。

②建设科学数据中心体系，承担具体的科学数据管理工作。各省份管理细则中的科学数据中心组织形式多样，按照层级结构可划分为3类：两级数据中心体系、三级数据中心体系和四级数据中心体系。例如，广西设立"云长制"，推动科技云建设，形成"自治区数据中心—分数据中心"的两级数据管理和服务体系。安徽省规定"建设一个省科研领域科学数据中心，培育建设若干个省行业领域科学数据中心，支持有条件的市建设本地区科学数据中心"，形成全省三级科学数据中心体系。黑龙江省提出了"省科学数据中心—部门科学数据中心—地方科学数据中心—单位科学数据中心"的四级科学数据中心体系。

③践行科学数据全生命周期管理模式。各省份的科学数据管理模式主要围绕科学数据全生命周期展开。采集阶段建立科学数据质量控制体系，保证数据的准确性和可用性；汇交阶段建立科学数据汇交制度，并从财政资金和社会资金两个方面展开对项目数据和论文数据的汇交工作；保存阶段建立科学数据保存制度，配备数据存储、管理、服务和安全等必要设施；共享阶段编制科学数据资源目录、利用数据管理和服务平台进行共享服务、明确科学数据分类分级管理；利用阶段要求科学数据使用者对科学数据进行规范引用、特定场景和需求下可进行费用收取，鼓励形成有价值的科学数据产品，开展增值服务。

④强化科学数据标准和规范的意识。各省份的实施细则多次提及标准规范，我国科学数据管理工作的标准和规范意识不断加强。例如，提到科学数据生产和采集过程强调标准规范，要求建立科学数据质量控制体系，按照统一标准规范整合数据。在数据汇交时应明确相关标准，加强对不同类型、不同学科的科学数据的可操作性。科学数据共享需制定有关的标准规范和管理规定，包括数据资源目录格式、科学数据共享标准等。定义平台建设标准和接口标准，实现多平台体系化建设和互联互通等。

⑤强调数据保密和安全管理。保障安全可控是科学数据共享利用的前提和基础，安全得不到保障，开放共享也就无从谈起。《数据办法》始终把确保数据安全放在首要位置，对涉及国家安全和秘密的科学数据如何把握好开放与保密的关系，做了原则性、政策性的规定，利用和保护具体措施还是不够具体。加强科学数据安全管理并落实细节成为未来出台的办法实施细则中的重要内容。目前，所有细则的相关规定基本全部继承《数据办法》条文，在可操作性方面有待进一步细化和加强。

⑥重视科学数据评价考核制度。评价考核制度的建立有助于科学数据管理目标的实现，科学的考核评价管理体系设计非常必要。总体来说，各省份实施细则重点从两个方面推进相关工作：一是明确评估主体和考核对象，设计运用一套系统的制度性规范、程序和方法进行评价，建立考核机制；二是结合自身特色制定考核评估指标体系，开展绩效考核评估工作。

第三章　科学数据规模与质量

当前世界上许多重大的科学发现都来自对海量科学数据的分析，高质量、大容量的科学数据成为在国际前沿领域取得重大突破的基础条件。一个国家的科学研究水平将越来越多地取决于其在数据量方面的优势及将数据转换为信息和知识的能力。一方面，经过国家财政资金长期稳定支持和规划布局的逐步完善，通过大型科研基础设施、监测网络、DNA测序仪等科研仪器和科研活动形成了大量科学数据，数据积累总量爆发式增长；另一方面，通过各类科技创新基地和科学数据工程建设支持，持续汇聚我国自有科学数据，有效管理的数据资源总量与数据生产总量同步快速增加。同时，数据质量标准化程度不断提升，数据质量实践手段日益丰富。

一、科学数据总量快速增长

1. 依托科研基础设施、监测网络和高通量仪器设备等获取海量数据

①利用重大科研基础设施进行的观测和试验引发数据快速积累。国家重大科技基础设施建设项目——500米口径球面射电望远镜（FAST），具有我国自主知识产权，是世界最大单口径、最灵敏的射电望远镜，于2016年9月正式落成启用。FAST的科学目标涵盖宇宙初始混沌、暗物质暗能量与大尺度结构、星系与银河系演化、恒星类天体乃至太阳系行星与邻近空间事件等，共支持6种观测模式，观测数据平均产生率约为

1 TB/小时，数据归档量达到每年约 3 PB，预计到 2025 年数据总规模将达到 30 PB。北京正负电子对撞机改造工程（BEPC Ⅱ），作为粲物理能区国际领先的对撞机和高性能的兼用同步辐射装置，自 2009 年运行至今，已经累积原始实验数据量超过 5 PB，并持续产生大量实验数据，支持在轻强子谱研究、粲偶素衰变和（类）粲偶素粒子研究、粲物理研究等方面取得了一大批重大物理成果，包括带电奇特强子态 Zc（3900）和一系列 XYZ 粒子的发现等。未来江门中微子实验、高海拔宇宙线观测站、高能同步辐射光源等重大基础设施建成后，预计数据量将达到每年数十 PB。

②大规模监测网络的长期连续监测促进数据持续积累。如国家生态系统观测研究网络、国家气象观测网络等，经过多年的坚持已经分别在相关领域积累了涉及多学科门类的海量数据资源。其中，国家生态系统观测研究网络以野外观测台站为基础，以生态系统观测研究数据为核心，形成了由长期定位观测和专题科学研究数据等组成的数据资源体系，联网长期监测数据库突破 2000 万条，时间跨度超过 30 年，是全国唯一的生态系统长期观测数据库，记录数据达数千万条，总量达数十 TB，年度增加 2 TB 以上。通过整合包括台站 - 区域 - 全国范围的生态系统观测研究数据产品，建立了我国生态领域最大的信息化科技资源库，为研究生态系统过程机制、揭示生态系统结构与功能的空间格局规律等提供重要科学支撑。国家生态系统野外科学观测研究站分布如图 3.1 所示。我国规范收集管理的地面气象观测数据最早始于 1841 年，呼和浩特站、长春站、营口站和香港站被世界气象组织（WMO）授予百年气象站，基于长期数据积累，国家气象平台已形成涵盖地面、高空、辐射、海洋、农业和生态气象、大气成分、气象灾害、历史气候代用、气象卫星、天气雷达及数值模式产品等多种类型的基础数据资源，并研制了超过 600 个基本覆盖海洋、陆地及高空多圈层等相关大气科学领域的数据集产品，数据量

达到137 TB，其中超过50 TB的数据已实现网络在线共享。

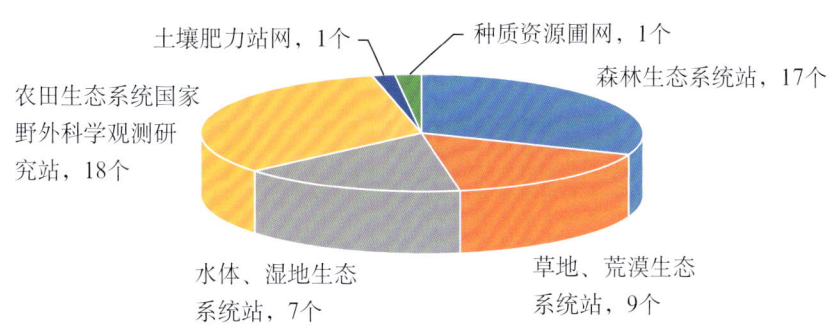

图3.1 国家生态系统野外科学观测研究站分布

③高通量仪器设备及新数据处理技术和方法带来科学数据的快速增长。在生命科学领域，第二代高通量测序仪器能一次对几十万到几百万条DNA分子进行序列测定，这些测序技术的革新显著提高了科学的采集频率、模拟精度和处理速度，推动了生命科学研究的纵深发展与应用。我国具有庞大的基因数据产出能力，随着国家在人口健康领域的战略部署，国家重点研发计划启动了"精准医学研究""重大慢性非传染性疾病防控""生殖健康及重大出生缺陷防控研究"等重点专项，预计今后5年我国将产生300 PB以上的基因组数据[①]。伴随着相关研究计划产生的大量组学数据，将导致生命健康组学大数据的进一步爆炸性增长。

2. 依托国家科技资源共享服务平台实现科学数据的专业化积累

科技部、财政部共同支持地球系统、基础科学、人口与健康、农业、林业、海洋、气象、地震8个建成科学数据类国家科技资源共享服务平台，在相关学科领域系统整合科技计划、长期系统观测监测、科学考察调查和重大科研设施等方面的科学数据资源，参与单位涉及中国科

---

① 鲍一明，薛勇彪. 生命与健康大数据现状和展望[J]. 中国科学院院刊，2018, 33 (8)：861-865.

学院、国家卫生健康委、农业农村部、教育部、国家林业和草原局、中国地震局、中国气象局、海洋局等部委司局所属的200余家单位。据统计，截至2018年年底，科学数据类国家科技资源共享服务平台已经持续积累并共享了大量相关学科的科学数据资源，有效管理科学数据总量达到40.7 PB，并在持续增加中。

其中，在地球系统领域2018年新增整合、挖掘与拓展数据集1749个，数据总量为59.90 TB，新增和更新的数据资源涵盖"全球—'一带一路'—中国—典型区域—站点"5个层面，建设12个特色专题数据，主要包括全球变化与区域响应综合集成数据、"一带一路"专题数据、中国周边国家/地区专题数据、中国典型区域专题数据、东亚古环境专题数据、土壤科学专题数据、湖泊/流域专题数据、海洋科学专题数据、物候专题数据、陆地表层遥感影像及数据产品、日地系统与空间环境数据，以及国家科研项目数据汇交专题数据等。在人口健康领域，2018年新增数据量96.44 TB，新增数据超过111亿条，并在原始数据资源的基础上整合加工新科学数据集63个，数据涉及基础医学、临床医学、公共卫生、中医药学、药学、人口与生殖健康学等专业数据，以及中学生心理调查数据、流动人口数据等新增类型。在农业领域，新增作物基因组数据、农业物候数据、天然橡胶产业数据、咖啡产业数据等专题数据库25个，新增数据5.8 TB。在气象领域，2018年实现自1951年以来国家级馆藏珍贵重要档案的扫描"全覆盖"，完成了全国31个省（区、市）报送的613万页降水自记纸数字化成果的整理。在海洋领域，2018年汇集整理了海洋观测监测数据、海洋调查数据、海洋综合管理数据及海洋专题信息产品等，年度数据增量累计达18 TB。在基础科学领域，高能物理新增慧眼1 L、2 L和1 P级，较上年度数据量增加10 TB，记录数新增60万条。在空间领域，2018年新增地球磁场观测数据、暗物质粒子探测卫星观测数据，数据量新增10.44 GB。在天文领域，数据规模新增21 TB，内容涉及郭守敬望远镜数据集、南银冠 U 波段巡天数据集等。

3. 科学数据工程等科研专项促进多领域数据融合汇聚

以中国科学院地球大数据科学工程和科学大数据工程为代表的科学数据工程项目持续积累领域科学数据，发挥科学数据在科研创新中的重要作用，其中"地球大数据科学工程"专项共享科学数据总量已经约 5 PB，包括对地观测、生物生态、大气海洋等多种类型的数据，并将以每年 3 PB 的数据量进行更新。此外，国家地质大数据共享平台行业科研大数据、烟草科研大数据重大专项在 2018 年也取得重大进展。2018 年 10 月，自然资源部中国地质调查局国家地质大数据共享平台全面升级，"地质云 2.0"宣布上线服务，实现了 160 多个国家级核心地质数据库的上云共享（地质信息产品如图 3.2 所示），新增 4905 个权威资源环境信息产品，实现了全国地质资料馆的近 14 万档、440 余万件存量地质资料在地质云平台上查询、公开版地质资料在线浏览、在线订单服务[①]。2018 年 2 月，国家烟草专卖局启动实施烟草科研大数据重大专项，内容涉及烟草农业、烟草工业、烟草科研等，数据类型包括相关生产数据、实验数据、观测数据、统计数据、文献数据等，这些数据产生于烟草工农业生产和科研过程，并与行业创新息息相关。

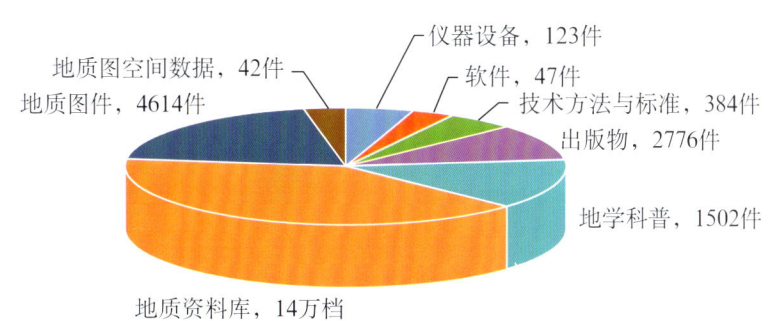

图 3.2 地质云平台开发和上线的地质信息产品

---

① 资料来源：http://www.mnr.gov.cn/dt/ywbb/201810/t20181030_2291913.html。

地球大数据科学工程

"地球大数据科学工程"专项于2018年1月正式立项，执行期5年，专项汇集了中科院多家单位优势资源，目标是建立具有全球影响力、国际化、开放式的国际地球大数据科学中心。该专项以大数据技术为支撑和纽带，将研制专属对地观测小卫星，构建大数据和云服务平台，重点开展数字"一带一路"、全景美丽中国、生物多样性与生态安全、三维信息海洋和时空三极环境等方面的基础与应用研究。

目前，专项共享科学数据总量已经约5 PB，其中，对地观测数据1.8 PB、生物生态数据2.6 PB、大气海洋数据0.4 PB、基础地理数据及地面观测数据0.2 PB；地层学与古生物数据库49万条数据记录，中国生物物种名录360万条，微生物资源数据库42万条，组学数据目前在线10亿条[①]。全球用户能够在线检索到平台共享数据总量的40%，随着硬件条件不断完善，该平台共享数据将陆续上线，并且每年将以3 PB的数据量进行更新。

中国科学院科学大数据工程

科学大数据工程作为中国科学院"十三五"信息化专项建设五大工程之一，是中国科学院30多年科学数据工作的继承。2018年，科学大数据工程通过继续完善科学数据资源体系，建成空间科学领域、生物信息领域、第三级环境、资源学科领域4个大数据驱动的创新示范平台，实现典型领域内数据驱动创新模式的探索。形成了包括喀斯特地形地貌区重点数据库、动物学重点数据库、化学学科领域重点数据库、农业多尺度病虫害图像重点数据库、南海海洋重点数据库、环境

---

① 资料来源：http://www.cas.cn/sygz/201901/t20190115_4677020.shtml?from=singlemessage。

微生物多样性重点数据库、光学天文重点数据库7个重点数据库，以及湖泊学科领域特色专题数据库、中国土壤特色数据库、多民族语言资源特色数据库、中国古代颜料光谱特色数据库、世界山茶属植物品种特色数据库、抑郁症静息态功能磁共振成像特色数据库、国家时间频率体系特色数据库等20个特色数据库。截至2018年年底，数据资源总量累计超过2.8 PB。

二、科学数据质量评价与质量控制有新进展

科学数据质量与数量一直是数据管理和应用服务能力提升的重要基础，2018年度我国在科学数据质量评价与质量控制的研究与实践方面有了较大进展。首先反映在《数据管理能力成熟度评估模型》（GB/T 36073—2018）和《信息技术数据质量评价指标》（GB/T 36344—2018）两项国家标准正式发布实施。同时，以海洋、地球系统和基础科学数据等领域国家科技资源共享服务平台等为代表的科学数据平台在数据质量实践方面也开展了大量工作，推动科学数据质量持续提升。

1. 科学数据质量控制与评价相关标准发布实施夯实了管理实践根基

我国在2018年发布了国家标准《数据管理能力成熟度评估模型》（GB/T 36073—2018），该标准对数据质量的意义类似于ISO 9000对产品质量的作用，是提升科学数据质量的重要举措和方式。该标准提出了数据管理能力的成熟度评估模型及相应的成熟度等级，定义了8个能力域及28个能力项（表3.1）。国内最早在科学数据领域提出数据能力成熟度模型理论，由于科学数据对象及其应用的复杂性，该理论模型率先

在产业界实现。当前中国科学院正在探索将该国家标准扩展应用到科学数据管理机构的评估评价工作中。

表 3.1　数据管理能力成熟度评估模型定义的 8 个能力域及 28 个能力项

序号	能力域	能力项
1	数据战略	数据战略规划
		数据战略实施
		数据战略评估
2	数据治理	数据治理组织
		数据制度建设
		数据治理沟通
3	数据架构	数据模型
		数据分布
		数据集成与共享
		元数据管理
4	数据应用	数据分析
		数据开放共享
		数据服务
5	数据安全	数据安全策略
		数据安全管理
		数据安全审计
6	数据质量	数据质量需求
		数据质量检查
		数据质量分析
		数据质量提升
7	数据标准	业务术语
		参考数据和主数据
		数据元
		指标数据

续表

序号	能力域	能力项
8	数据生存周期	数据需求
		数据设计和开发
		数据运维
		数据退役

> **《数据管理能力成熟度评估模型》（GB/T 36073—2018）**
>
> 《数据管理能力成熟度评估模型》于2018年3月正式发布实施。该标准把数据管理能力划分为8个重要组成部分和5个成熟度等级（初始级、受管理级、稳健级、量化管理级、优化级），并描述了每个组成部分的定义、功能、目标和等级标准。该标准适用于对组织和机构的数据管理能力成熟度进行评估，帮助和指导组织单位定位数据管理等级，加强数据管理能力，提升数据资产价值。利用该评估模型，能够深入了解、发现组织在数据管理能力建设方面的现状及存在的问题，同时有利于找到组织本身与所在行业平均水平之间的差距，并针对存在的问题，帮助组织总结、提炼关键发现，提升组织内部的数据管理意识，为组织未来数据管理能力建设提供理论依据。

2018年6月，国家标准《信息技术 数据质量评价指标》（GB/T 36344—2018）正式发布实施，规定了数据质量评价指标的框架（图3.3）。该标准提出了六大类评价指标，涉及规范性、完整性、准确性、一致性、时效性、可访问性等方面，为评价信息技术服务质量提供了一致的、公正的方法或依据，提高了我国信息技术服务行业的服务质量，推动和促进了信息技术服务产业的健康发展。

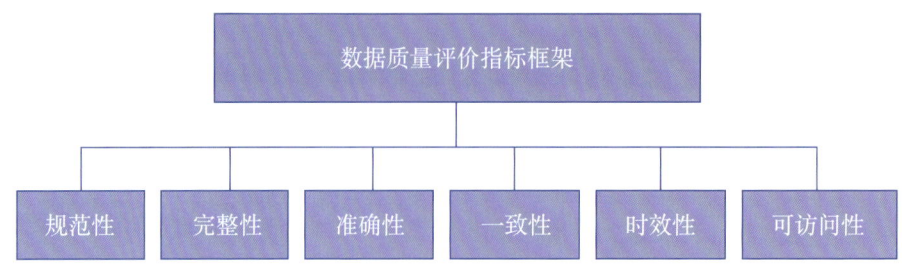

图3.3 数据质量评价指标框架

2. 学科领域依据领域特点细化质量控制规范并应用于科学数据管理实践

以科学数据类国家科技资源共享服务平台为代表，持续关注数据质量问题，多个学科领域平台进一步完善数据质量控制体系，研制学科领域的相关标准、规范，并积极开展数据质量实践，从制度规范和过程监控上保证数据集的数据质量。

在标准研制方面：①地球系统科学领域新制定了《国家地球系统科学数据共享服务平台数据文档编写规范》《国家地球系统科学数据共享服务平台数据缩略图制作规范》《国家地球系统科学数据共享服务平台数据样例制作规范》，完善了相关阶段的相应文档资料，有利于数据质量全程监控。②农业科学领域修订了《农业科学数据汇交管理办法》《农业科学数据元数据标准》等多项规范，与原有规章制度、标准体系组合支撑平台数据质量控制与规范化管理。③气象科学领域研制完成了《土壤水分自动站逐小时资料质量控制方案》，增加了内部一致性检查和相关气象要素一致性检查等内容。

在数据质量实践方面：①海洋科学领域建立了海洋数据采集、处理和存储的标准化流程，形成"元数据+数据清单+数据实体"的数据组织存储模式。②地球系统科学领域在保证数据资源的规范化和质量控制后，按照数据实体、元数据、数据缩略图、数据文档、数据样例、数据分类"六位一体"的要求进行发布,这些数据后续会根据用户反馈,不断更新完善。③基础科学数据领域把基于专家知识规则的科学数据校验软件向新的资源领域覆盖,有效提升了科学数据资源的质量控制、保证和评估等工作。

第四章　科学数据开放共享与应用服务

科学数据开放共享是提高科学数据共享应用水平和效率的重要方式，随着我国国家科技资源共享服务平台的不断发展，科学数据开放共享服务的规模稳步扩展，服务模式持续探索和创新。科学数据在支撑国家宏观决策、服务国计民生、支持企业和公众自主创新等方面持续发挥着重要作用，特别是驱动了以人工智能为代表的前沿科技的飞跃发展。海量科学数据为人工智能提供了基础条件，数据分析技术也为数据挖掘提供了更多可能。

一、科学数据共享应用服务模式日益丰富

2018年，包括地球系统、海洋等国家科技资源共享服务平台在内的8个科学数据类国家平台的科学数据服务规模稳步扩展，持续增长，开展了一批特色各异科学数据资源专题服务，并通过移动多媒体渠道不断提升数据服务的时效性和覆盖范围等。2018年，各领域科学数据类国家平台的用户总量和访问人数持续增长，数据在线访问量和下载量不断增多，支撑科研项目的类型和单位不断丰富。国家平台数据资源开放共享情况详见表4.1。

表 4.1 国家科技资源共享服务平台数据资源开放共享情况

序号	平台名称	牵头单位	2018 年数据资源开放共享服务情况
1	国家地球系统科学数据共享服务平台	中国科学院地理科学与资源研究所	平台新增注册用户 8160 人，新增网站访问量 571 万（5 710 180），网站浏览量（PV）8401 万次，新增数据服务量 17 762.26 TB；共为 1856 个项目/课题提供了数据支撑服务
2	国家人口与健康科学数据共享服务平台	中国医学科学院	平台总访问量超过 1000 万次，访问人数 151 万，访问页面数超过 3303 万页。服务科研院所 388 所、高等院校 2128 所、政府部门 818 个、医疗机构 3336 个、军事国防部门 56 个、民间组织 61 个，服务新闻媒体 68 个
3	国家林业科学数据共享服务平台	中国林业科学研究院	用户访问量达 254 万余次，服务用户达 1561 人次。在线向用户提供各类林业科学数据超过 1.4 TB
4	国家农业科学数据共享服务平台	中国农业科学院农业信息研究所	服务用户数量达 1.1 万人，全年访问量 166 万人次。提供科学数据和资源信息服务量达 830 GB，图书文献服务量 8129 篇；组织平台内部资源或联合其他平台资源开展专题服务 43 项，服务科研项目近 400 项
5	国家地震科学数据共享服务平台	中国地震台网中心	提供用户各类数据服务总量超过 15 TB，用户访问量 1 334 118 人次，新增注册用户 1647 人，支撑各级各类科技项目 124 个
6	国家气象科学数据共享服务平台	国家气象信息中心	平台数据服务量超过 68 TB，全年访问人次超过 1.2 亿人次；新注册会员 45 695 人。重点加强对国家决策、防灾减灾等跟踪与服务支撑工作，开展多项专题气象数据研制和服务
7	国家基础科学数据共享服务平台	中国科学院计算机网络信息中心	平台服务门户累计访问量超过 1 亿次，页面访问量累计达 4.3 亿次，下载总量达 1486.05 TB，实名注册用户达 21 万人，多学科交叉融合分析模型在线服务用户达万人次，开展众包服务近百次，吸纳众包人才近 5000 人；为千余重大项目提供了多种形式的数据支持与服务

续表

序号	平台名称	牵头单位	2018年数据资源开放共享服务情况
8	国家海洋科学数据共享服务平台	国家海洋信息中心	平均月访问量约2万人次，注册用户数达1000余人，提供在线数据共享服务950余万次，累计数据下载量达8.7 TB，有效支撑了教育科研、交通运输、国防工程等领域的业务发展

1. 以专题服务为牵引，开展日益丰富的特色专题服务

通过聚焦国家科技创新重大任务和需求，持续跟踪项目进展、提供主动式服务和数据定制服务等专题服务，已经成为提升数据服务水平的重要手段和方式。①国家地球系统科学数据共享服务平台以专题服务为牵引，突出资源的整合集成与深度挖掘，数据资源涵盖"全球—'一带一路'—中国—典型区域—站点"5个层面，开展了满足面向全球变化、陆地/海洋生态系统响应及模拟应用需求，面向"经略南海"和"建设21世纪海上丝绸之路"国家战略需求，以及面向京津冀协同发展、长江经济带发展、粤港澳大湾区建设、长三角一体化发展等区域协调发展战略需求等内容的专题服务。②国家人口与健康科学数据共享服务平台根据广大用户的需求，特别是针对现阶段社会创新、服务民生等需求，建设了包括创新药物研究等支撑社会创新的专题服务，热点传染病预警与追踪、生殖健康、国民体质与健康等服务民生的专题服务（开发设计的热点传染病预警与追踪服务系统界面见图4.1），卫生决策、农村三级医疗网等服务于政府决策的专题服务，脑卒中筛查与防治等利用大数据开展科研的专题服务等共16个不同专题服务，有针对性地提升了利用数据开展服务的水平。③国家基础科学数据共享服务平台依托科学数据资源积累现状，尤其面向广泛分散在科研课题组和科研人员手中的数据资源，以数据出版和支持期刊论文支撑数据的发布和引用为核心，完善数据出

版系统和支持科学数据长期保存、发布和共享的数据存储库系统,形成科学数据资产化管理的创新模式。

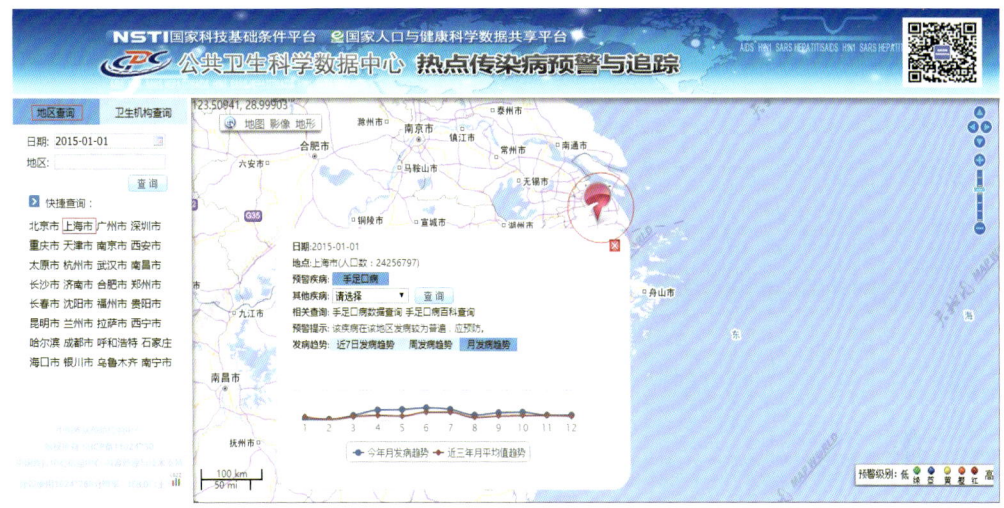

图 4.1　热点传染病预警与追踪服务系统界面

2. 拓展移动多媒体服务渠道和服务手段,提升数据服务时效性和覆盖范围

利用移动互联网和新媒体手段,以及开通微信公众号等多样化、便捷的方式,为社会公众提供优质的数据服务发展成为国家平台普遍采用的一种服务方式,有效提升了数据服务的时效性,也扩大了数据服务的覆盖范围。①国家农业科学数据共享服务平台在多种在线服务方式基础上,创建"农业科学数据"微信公众号,实现手机端、PC端数据推送与信息发布的互联互通,提高用户数据检索与传递效率。②国家气象科学数据共享服务平台在2018年新增APP服务,方便用户直接通过移动浏览器搜索和访问平台,并开通"气象时景"上传和"我来报"天气功能,面向社会公众广泛收集实况天气图像和信息。③国家地震科学数据共享服务平台建立了包括12322平台和移动多媒体平台在内的地震信息服务

体系，借助网站、微博、微信、移动 APP 等手段向公众快速发布地震信息，地震速报信息接收人口覆盖范围由百万量级提升至亿级。④国家林业科学数据共享服务平台运用移动互联网，开通"林家那些事儿"微信公众号，面向公众开展国家林业生态建设的宣传和林业科学普及的信息服务。⑤国家海洋科学数据共享服务平台开通"智荟海洋"微信公众号，实时更新推送海洋实测数据、分析预报产品专题信息产品、专题图集、海洋百科、海洋文献、海洋资讯和海洋科普等信息，并实现了与平台的有效链接，用户可以通过链接地址下载平台上的海洋科学数据。

二、科学数据共享服务典型案例

1. 激活科学前沿新研究，孕育科研方法新范式

①日地空间系统研究网络（STAR-Network）聚焦空间科学卫星任务生命周期和空间科学创新发展的科研信息化需求，为相关研究提供全方位信息化服务和数据支持服务（图 4.2）。2018 年度，STAR-Network 为先导专项首发卫星"悟空"、国际首颗量子通信实验卫星"墨子"、国内首颗硬 X 射线探测卫星"慧眼"的在轨运行提供了全方位的信息化支持服务，有力支持了卫星任务运管、下行数据处理和准实时分发等业务，保障了科学探测任务、实验计划和机遇观察的顺利实施。此外，STAR-Network 为太阳风起源、银河宇宙线调制等重大研究项目提供了全面的数据服务和模式计算资源服务，加速了空间科学基础研究快速发展。

②核主题数据库为钍基熔盐核能系统项目和中国实验快堆建设中的快堆伪裂变产物数据评价提供科学数据服务。利用核物理主题数据研制的全套中子数据库、裂变产额数据库和衰变数据库 3 个专用微观核数据已用于实验堆的设计和分析研究。控制棒设计是反应堆设计中的关键之

一,该数据库的中子评价核数据等为CAP1400新型控制棒吸收体材料微观评价核数据进行比对推荐提供了有效的数据支撑。

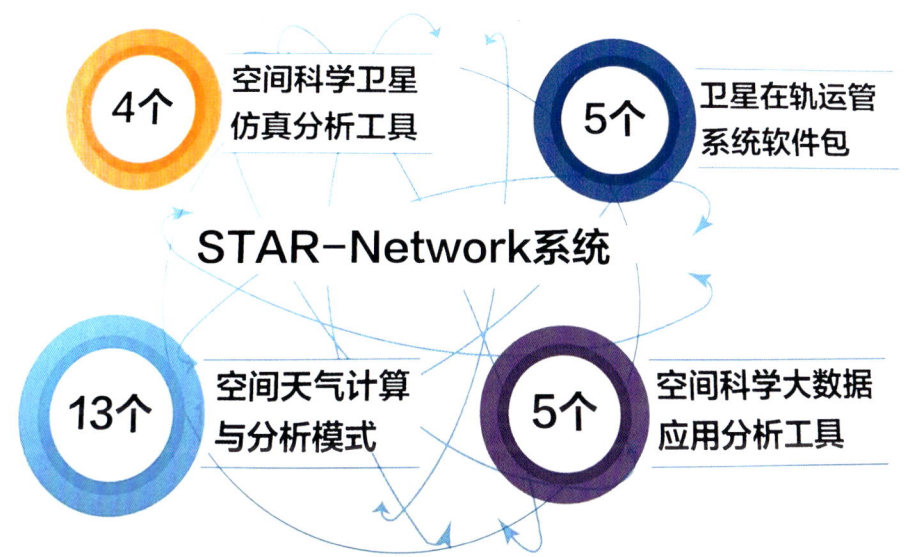

图 4.2　日地空间系统研究网络提供的相关数据支持服务

2. 支撑国家宏观决策,服务国计民生

①国家气象科学数据共享服务平台开展太阳能光伏扶贫专题服务,助力精准扶贫。为全面贯彻落实《打赢脱贫攻坚战气象保障行动计划（2016—2020年）》,气象平台积极开展长序列、高时空分辨率、高质量的清洁能源类和灾害性天气类系列数据产品研发,为太阳能、风能资源精细化评估提供基础数据支撑,从而为太阳能、风能合理开发利用提供科学依据;为气象灾害防御提供基础数据支撑,积极响应"贫困地区为农服务体系和灾害防御体系建设",助力精准扶贫试点建设工作。

②通过中国极地科学考察"航行动态"信息系统开展中国极地科学考察走航保障专题服务（图4.3）。信息系统规范整合了海洋经济专属区、作业站位、水深等数据,为科考提供信息化服务保障。服务的内容和方

式包括安排专职卫星、气象和冰情预报人员随船开展现场保障，向考察队提供卫星、气象和冰情数据产品，提供实时和预报信息支持。在第 8 次北极科学考察和第 34 次南极科学考察中，该系统得到了实践应用，为雪龙船提供冰区导航服务，并承担船载卫星遥感数据接收和处理工作，将数据接入"航行动态"系统，实现了海冰现报导航服务。

图 4.3　中国极地科学考察"航行动态"服务系统主界面

3. 服务国际用户，提升科学数据国际影响力

①加强气象、地震等领域的国际交流与合作，通过开展"一带一路"沿线国家和地区专题服务，提供区域合作与数据服务。随着"一带一路"倡议的提出，国家气象科学数据共享服务平台积极响应国家重大决策，增强气象大数据在政府治理体系中的作用，为"一带一路"国家主要城市提供实时天气状况、气候背景和灾害信息服务，累计为蒙古、尼泊尔、巴基斯坦、朝鲜等 36 个世界气象组织会员的 118 个用户提供数据分发和共享服务，分发服务数据超过 500 GB/ 日。此外，由中国地震局组织编制出版的《"一带一路"地震安全报告》于 2018 年 2 月出版，报告完成了"一带一路"沿线地区地震构造图、地震区划图的绘制，并对沿线各国未来

地震灾害风险、抗震设计规范、监测和应急救援能力等基础资料进行整理，为推进区域合作提供完备数据基础。同时，建立地震减灾合作机制，为"一带一路"沿线国家提供地震安全保障。

②举办中国 – 东盟国家海洋信息技术和海洋管理高级研修班，加强海洋领域科学数据和技术的交流合作。国家海洋科学数据共享服务平台深入参与联合国教科文组织政府间海洋学委员会、世界气象组织、国际海洋学院等国际组织合作，开展了中国 – 东盟国家海洋信息技术和海洋管理高级研修班。通过研修班的举行，面向马来西亚、缅甸、印度尼西亚、越南等21世纪海上丝绸之路沿线国家，提供了海洋信息技术和海洋综合管理领域的交流平台，为完善中国同东盟国家海上合作框架体系、挖掘合作潜力、推进21世纪海上丝绸之路建设起到了积极的促进作用。

三、科学数据应用与人工智能、区块链等新技术融合互促

智能化是科研信息化深入发展的必然趋势和高级阶段，伴随着人工智能、量子计算、区块链等新兴技术的快速发展，科学数据的获取、存储和处理将更加自动、智能和便捷，有助于加速科技重大问题的解决。反过来，人工智能帮助人类更好地进行数据分析，改变思维方式，为科学研究尤其是数据密集型科研提供了前所未有的支持。人工智能作为国家战略，与各领域的结合不断加强，推动了许多新兴学科领域的研究发展。越来越多的科研活动开始采用机器学习、深度学习、图像识别、自然语言处理等人工智能技术来完成传统科研手段无法实现的目标。

大量科学数据为人工智能提供更多可能，驱动人工智能的跨越式发展。在大数据时代，人工智能系统使用的不再是样本数据，而可以使用全量数据，数据量越大，人工智能预测越准确。正是有了大规模、多源异构数据，人工智能才有了质的突破。同时，统一数据分析与人工智能

平台成为趋势。传统的大数据平台主要提供基于CPU与内存的分布式数据处理架构，但近年来随着人工智能技术与应用的发展，新型大数据平台支持GPU、GPU/CPU混合计算等新的计算架构及多种人工智能编程框架。另外，人工智能拓宽了科学数据的应用场景。传统大数据分析主要是结构化、半结构化数据，缺乏对图像、视频、语音等非结构化数据的处理能力。而以数据驱动的人工智能技术，为高维非结构化数据提供了分析的能力，如谷歌（Google）最初的大数据分析平台主要用于构建网页的倒排索引为核心的搜索业务，目前Google已经提出人工智能优先战略，用人工智能技术重构Google搜索系统、广告系统、翻译等核心业务。此外，根据全球最具权威的IT研究与顾问咨询公司——高德纳公司（Gartner）分析成熟度模型，传统的数据分析实现了描述性分析、诊断性分析，而融合人工智能技术的大数据分析可实现"预测性"分析与"处方式"分析。

  此外，量子计算借助量子力学规律处理信息，具有天然的并行计算能力，能够应对传统方法根本无法或难以解决的问题，可实现计算能力质的飞跃，从而推动对海量科学数据进行快速处理、分析。区块链技术的应用正在进入3.0时期，除了当前应用最多、最成熟的金融服务、供应链管理等行业外，有望在科研领域大展身手。例如，利用区块链实现实验设备和资源共享、学术交流和学术评价信息存储及学术成果发表等。甚至可以将区块链用于科研资助及科研项目的全程管理，从而引发整个科研资助生态系统的变革。

第五章　科学数据标准研制与数据汇交

科学数据标准是数据长期积累、保藏、加工及可持续获取和共享利用的基础，数据的标准化程度也是衡量世界各国积累和有效管理科学数据水平的一个重要指标。《科学数据管理办法》中明确提出要研究制定科学数据标准规范，有步骤地解决各类科学数据标准问题，达到稳步提高科学数据管理的标准化程度的目的。科学数据汇交成为标准化应用的重要环节，一大批科技计划项目科学数据按照统一标准汇交至各领域科学数据中心。

一、科学数据标准体系研究扎实推进

长期以来，我国多渠道支持标准规范的研究制定工作，各部门、科研机构和各领域标准化技术委员会组织研究制定了多项科学数据相关的标准规范，数据标准化工作已有一定的工作基础，科学数据标准体系的研究提出为推进科学数据标准化工作奠定了基础。其中，全国科技平台标准化技术委员会（以下简称科技平台标委会）一直大力推动科学数据标准制修订工作，国家科技基础条件平台中心作为科技平台标委会秘书处单位，致力于推动科技平台建设运行和科技资源共享标准化工作，组织研究提出了科技平台标准体系框架，形成了标准研究的总体设计，并开展了包括科学数据相关标准在内的一系列国家标准制修订工作，有力推动了我国科学数据标准体系的发展。

截至 2018 年年底，科技平台标委会已组织立项标准 26 个，其中《科技资源标识》等 14 个国家标准已正式发布实施，同时持续推进包括《科技计划形成的科学数据汇交　技术与管理规范》《科技计划形成的科学数据汇交　通用代码集》《地球系统科学数据分类与代码》等12项国家标准的研制工作。在标准实施方面，科技平台标委会积极组织开展对《科技平台　资源核心元数据》《科技平台　服务核心元数据》等国家标准实施情况进行跟踪和分析研究。面向各国家平台、地方平台建设管理部门及拥有财政投入形成的科技资源的有关高等院校、科研院所和企业开展科技平台标准体系、大型科学仪器设备分类与代码、科技资源标识、元数据汇交报文格式的设计规则等已发布国家标准的宣贯和培训。截至2018年年底，已先后组织开展了8场标准宣贯培训，对1500余人开展标准基础知识和已发布国家标准的宣贯培训，有力增强了相关国家标准的应用实施，提升了国家标准对科技创新的支撑水平。

目前，科学数据标准体系分为基础标准规范、通用标准规范和专用标准规范三大类，标准体系框架如图5.1所示。该科学数据标准体系包括：①基础标准规范。主要规定科学数据管理中具有基础性、指导性的总体要求，规定体系结构及其标准规范内外部的关系与关联，并提出适用于科学数据标准规范编制和使用的一些基本原则，具体包括标准化指南、参考模型、术语、总体要求。②通用标准规范。其中，科学数据描述标准主要规定科学数据管理中对科学数据资源描述的规则、方法、分类等数据一致性准则；科学数据采集处理标准主要规定科学数据管理生命周期中数据采集处理的规范；科学数据汇交标准主要规定科学数据管理生命周期中数据汇交的规范；科学数据保存与维护标准主要规定科学数据管理生命周期中数据保存、数据维护、数据更新的规范；科学数据共享服务标准主要规定科学数据各项服务要素的规范要求，适用于各类科学数据管理活动的规范化管理；科学数据评估评价标准主要规定数据评价、服务评价、机构评价、销毁及再利用等标准，其评价周期则针对科学数据管理全过程；科学数据安全标准主要规定科学数据安全保障框架，以及科学数据的物理安全、系统安全、网络安全、数据使用安全等标准。③专用标准规范。主要规定高能物理、基因组学、空间科学、地球科学、农业科学等学科领域的科学数据管理标准。

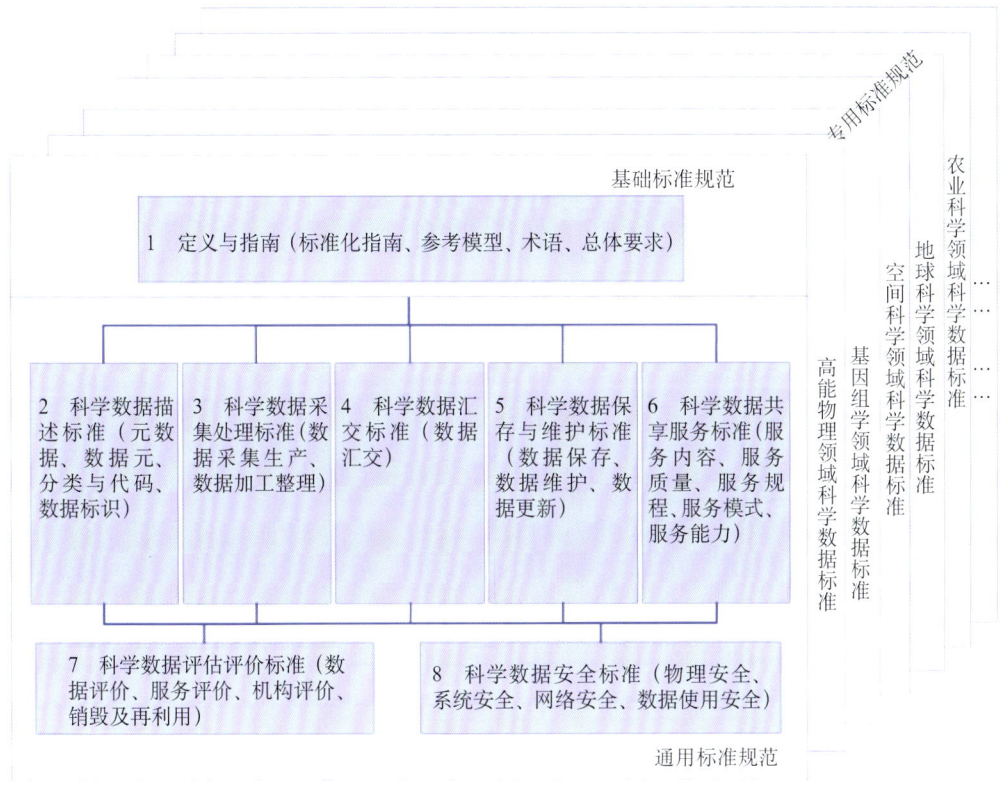

图 5.1　科学数据标准体系框架

近年来，我国已陆续研究制定并发布实施了一批科学数据相关国家标准，在数据核心元数据注册与管理、标识、引用、溯源与汇交等方面推进科学数据标准化工作。其中已发布和正在研制中的科学数据相关国家标准如表 5.1 所示。

表 5.1 科学数据相关国家标准

年度	标准号	标准名称		状态
2014	GB/T 30522	科技平台	元数据标准化基本原则与方法	已发布
	GB/T 30523	科技平台	资源核心元数据	
	GB/T 30524	科技平台	元数据注册与管理	
	GB/T 31071	科技平台	一致性测试的原则与方法	
	GB/Z 30525	科技平台	标准化工作指南	
	GB/T 31072	科技平台	统一身份认证	
	GB/T 31073	科技平台	服务核心元数据	
	GB/T 31074	科技平台	数据元设计与管理	
	GB/T 31075	科技平台	通用术语	
2016	GB/T 32845	科技平台	元数据汇交业务流程	已发布
	GB/T 32846	科技平台	元数据汇交报文格式的设计规则	
	GB/T 32844	科普资源分类与代码		
	GB/T 32843	科技资源标识		
2017	GB/T 35294	科学数据引用		已发布
	GB/T 34945	数据溯源描述模型		
2018	—	科技计划形成的科学数据汇交 通用代码集		研制中
		科技计划形成的科学数据汇交 技术与管理规范		
		科技计划形成的科学数据汇交 通用数据元		

二、科学数据汇交工作取得初步成效

科学数据汇交是实现科学数据有序管理和共享利用的重要手段之一，加强科学数据的汇交保存和整合挖掘对数据管理和重用具有重大意义。2018年，我国继续完善科学数据汇交的政策体系，推动财政支持产生的科学数据资源汇交，取得了明显成效。

在政策制度方面，《数据办法》明确提出政府预算资金资助的各级科技计划（专项、基金等）项目形成的科学数据，应由项目牵头单位汇交到相关科学数据中心；利用政府预算资金资助形成的科学数据撰写并在国外学术期刊发表论文时需对外提交相应科学数据的，论文作者应在论文发表前将科学数据上交至所在单位统一管理。《国家科技资源共享服务平台管理办法》也明确规定国家平台的主要任务之一是承接科技计划项目实施所形成的科技资源的汇交、整理和保存任务。

在具体实施方面，以国家重点基础研究发展计划（973 计划）资源环境领域项目、科技基础性工作专项项目等为代表的科技计划项目系统开展科学数据资源集成整理工作，持续汇聚我国相关科研项目产生的科学数据，数据汇交取得了较好进展和成效。其中，973 计划资源环境领域项目数据汇交的内容是项目在研究过程中新产生的各类数据，汇交过程主要包括数据汇交管理办法的制定、数据汇交中心的组建、数据汇交实施策略、数据汇交环境建设和数据共享服务 5 个阶段。2018 年，已完成本年度需结题的 97 个项目的全部数据汇交工作，数据总量约 8 TB，部分成果已开放共享。科技基础资源调查专项（原科技基础性工作专项）是围绕国家重大需求和科学问题，在典型区域和资源、环境、生态、新能源、人口健康等领域开展综合科学考察与调查，科技资料整编和科学典籍、志书、图集的编研，标准物质与科学规范研制等工作。数据资料汇交流程分为汇交方案编制、数据实体汇交和数据汇交验收 3 个阶段。截至 2018 年，累计完成 166 个项目的科学数据汇交工作，数据总量约为 30 TB，并且已对外共享其中 107 个项目的数据资源。

此外，农业基础性长期性观测监测数据汇交管理步入正轨。国家农业科学数据共享服务平台承担农业农村部农业基础性长期性观测监测数据管理和服务工作，2018 年完成了农业基础性长期性工作中心汇交系统建设，支撑面向全国 456 个实验站长期观测监测的科学数据的汇交与管理，数据涵盖作物种质资源、土壤质量、农业环境、植物保护、畜禽养殖、动物疫病、农用微生物、渔业科学、天敌等昆虫资源及农产品质量安全十大学科领域 1 万余项观测监测指标。

第六章　科学数据出版

科学数据出版是大数据时代开展科学数据开放共享的一种创新模式，符合新时代数据密集型科学研究范式的特征，已经越来越被广大科研人员所认可，同时国内数据期刊和数据出版平台也日益增多，在数据论文出版、互联网办刊模式等方面开展了诸多有益探索和实践，发表的数据论文在数量和质量方面不断提升，进一步推动了我国科学数据出版的发展，同时提升了科学数据开放共享的效率和价值。

一、科学数据出版的进展与成效

随着国内数据期刊建设、数据出版和数据传播工作步入快速发展阶段，科学数据出版也在多个方面取得成效。例如，《中国科学数据》《全球变化数据学报》等较早开展科学数据出版工作的期刊，在科学数据共享和科研管理体制丰富等方面积累了较为丰富的经验，通过探索开展数据论文发表等方式，创新推动科学数据出版的新模式。2018年度，《全球变化数据学报》建成的"全球变化科学研究数据出版系统"获得联合国信息社会世界峰会奖（电子科学组冠军奖），《中国科学数据》作为"互联网办刊模式的探索与实践"优秀期刊案例入选《中国科技期刊发展蓝皮书（2018）》。2018年国际数字地球学会、中科院遥感地球所、英国Taylor & Francis出版集团等联合创办了国际学术刊物《地球大数据》（*Big Earth Data*），通过发表有关地球科学各领域的论文，促进数据开放与共享，推动地球科学相关大数据的共享、处理与分析技术的发展。此外，国内医学、地理科学、纳米科学领域的部分期刊专门设置了数据论文专刊，对相关科学数据集进行描述和发布，共同推动科学数据出版工作发展。

《中国科学数据（中英文网络版）》

《中国科学数据（中英文网络版）》（China Scientific Data）简称《中国科学数据》，是2015年国家首批批复创办的网络连续型出版物的试点之一，是中国第一本面向多学科领域科学数据出版的学术期刊，由中国科学院计算机网络信息中心主办。

2018年，《中国科学数据》积极响应和践行国家政策，持续加强科学数据出版云服务探索与实践，出版高质量的学术论文。在数据论文的内容组织方面，出版了包括中国生物多样性数据、国家农业科学数据、灾害研究历史数据、丝绸之路历史地理信息数据；高亚洲冰、雪和环境数据等一批国际化、具有中国特色的高质量数据集。同时，作为中国科学数据出版平台的重要组成部分——科学数据存储库ScienceDB不断优化，致力于出版符合主流数据标准或惯例的科学数据，目前可为科研工作者、科研团队、学术期刊及学术出版商、科研机构及高校提供数据在线存储、数据在线汇交及管理、数据长期保存、数据共享和数据出版及数据在线获取服务。

《全球变化数据学报》与全球变化科学研究数据出版系统

《全球变化数据学报》是2017年由中国科学院地理科学与资源研究所创办的正式期刊。以全球变化科学研究领域（以地理科学、资源科学、生态科学、地理信息科学为重点）数据出版为核心内容，该刊与"全球变化科学研究数据出版系统"共同构成元数据、实体数据与数据论文关联一体出版。"全球变化科学研究数据出版系统"创立了全球变化大领域内科学数据出版与共享的数字化融合出版新机制，元数据、实体数据、数据论文采用中英文双语同刊的方式出版和传播的新方法，以及数据科学影响力积分的定量化评价体系，通过网络平台传播和线下交流相结合模式，以及走进校园和走进联合国并举的传播举措等，为数据出版与共享取得重要进展提出了可靠保障。

2018年3月，"全球变化科学研究数据出版系统"获得联合国信息社会世界峰会奖（电子科学组冠军奖）。5月，在中国大数据博览会上，获得2018领先科技成果奖"入围优秀项目"。7月，在第八届中国数字出版博览会评选中，获得2017—2018年度数字出版"创新项目"荣誉。

《地球大数据》

2018年，地球科学领域大数据开放获取国际学术刊物《地球大数据》（Big Earth Data）正式创刊。该刊为全球地球科学领域的第一个大数据刊物，由国际数字地球学会、中科院遥感地球所、中国科学院战略性先导科技专项"地球大数据科学工程"、英国Taylor&Francis出版集团、中国科技出版传媒股份有限公司联合出版。该刊旨在通过发表有关地球科学各领域的论文，促进数据开放与共享，推动地球科学相关大数据的共享、处理与分析技术的发展，创造新的理论与方法，发展并革新人们对地球系统的认知与理解。该刊不仅发表与地球大数据相关的研究论文、综述文章、快讯文章，还发表数据论文，鼓励作者通过把数据和算法等存储在被认可的公共存储器中，促进数据共享和利用。

二、科学数据出版平台典型案例

1.《中国科学数据》出版平台

截至2018年年底，《中国科学数据》已经正式出版具有学科领域研究特色的数据论文142篇。其中，以地球学科领域的论文数据最多，共

74篇，占比52%；其他学科领域51篇，占比36%；生物学科领域17篇，占比12%（图6.1）。从论文数量上可以发现数据论文具有学科分布不均衡的特点，这也与地球科学、生物学等领域长期具有的数据出版良好传统有关，使得科研人员能够更快接受数据论文出版模式，并按照相关领域标准规范整理并发表科学数据。

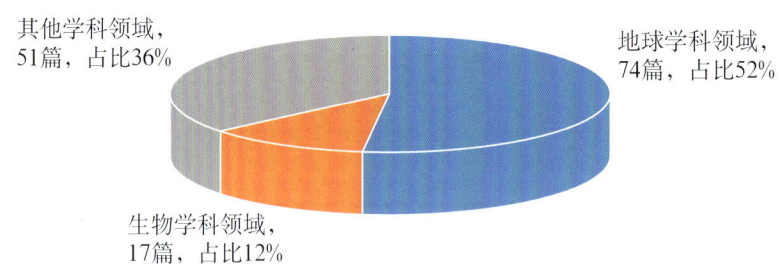

图6.1 《中国科学数据》发表的数据论文所属学科分布

从数据采集方式角度分析，已发表数据论文中具有代表性的数据采集方式主要包括基于原始数据的二次加工、仪器监测、访谈/调查、社交网络平台、样本采集五大种类数据采集模式。从数据处理流程来看，由于数据来源、采集方式的不同，不同数据处理模式下的数据处理流程也存在差异，每种模式对应的数据生产流程详见表6.1。

表6.1 数据处理模式的采集流程

序号	数据处理模式	详细处理过程
1	基于原始数据的二次加工	数据资源获取、数据预处理、数据加工处理与规范化处理、数据录入
2	仪器监测模式	数据测量、数据传输、数据处理、数据分析、数据审核和数据发布
3	访谈/调查模式	问卷设计、数据采集、数据清洗、数据分析与观察
4	社交网络平台	数据获取、数据清洗、数据管理、数据分类
5	样本采集模式	样品采集和分析，数据预处理，数据处理，数据分析及数据集的形成、入库

在数据质量控制方面，数据论文在数据处理流程的各环节均有所涉及，包括利用重复采样、人工抽查验证、专家审查等方式，从源头上保障基础数据的可靠性和权威性。在数据采集、数据加工和数据规范化等方面建立相应的技术规范，在采集过程中明确采集原则和策略，使用专业的控制方法、手段。针对入库数据质量，主要通过学术研讨会，邀请国内外相关领域专家作为数据审核人，对数据来源、数据库结构、数据内容和数据质量等进行评价。此外，不同的数据采集方式也会影响数据质量，如基于原始数据的二次加工模式侧重数据源的权威性、准确性、可信度，仪器监测采集模式则强调数据清洗质量控制措施，样本采集模式强调数据产生过程、人工核查、专家鉴定、系统审核等措施，而访谈/调查模式通过前期设计、人工干预方式对样本回收环节进行质量控制。

2. 全球变化科学研究数据出版系统

截至 2018 年 12 月，"全球变化科学研究数据出版系统"作为世界数据系统（WDS）正式成员，共计出版了 25 期 511 个数据集，出版数据量 1.05 TB，具体数据集统计详见表 6.2。这些数据来自 12 个国家（或国际组织）的 845 位作者。其中，2018 年共出版 8 期 168 个数据集，比 2017 年多出版 4 期 85 个数据集[①]。

表 6.2　2018 年"全球变化科学研究数据出版系统"出版数据集统计

时间	期号	出版数据集数/个	出版数据文件数/个	数据文件包/个	出版数据量/GB	压缩后数据量/GB
2018 年 1—2 月	1	28	644	69	28.39	11.84
2018 年 2—3 月	2	20	300	40	0.12	0.04
2018 年 4—5 月	3	20	1076	32	0.34	0.06

---

① 石瑞香，马军花，刘闯，等. 全球变化科学研究数据出版与共享成果分析（2018）[J]. 全球变化数据学报（中英文），2019（1）：1-9.

续表

时间	期号	出版数据集数/个	出版数据文件数/个	数据文件包/个	出版数据量/GB	压缩后数据量/GB
2018年6—7月	4	20	322	28	0.04	0.01
2018年8—9月	5	20	807	30	0.55	038
2018年10月	6	20	228	21	4.51	0.16
2018年11月	7	20	149	25	7.56	0.69
2018年12月	8	20	390	32	0.98	0.13
2018年合计	8	168	3916	277	42.49	13.31
2014—2018年总计	25	511	397 942	1503	1070.62	222.41

从数据集作者完成情况分析，发现在2018年出版的数据集中，有18个数据集由独立作者完成，占年度出版数据集的10.71%。其余大量数据集（130个）是由2～5人组成的小团队完成，占年度出版数据集的77.38%。由6人以上组成的团队研发、出版的数据集共为20个，占年度出版数据集的11.90%。从数据集覆盖地理区域情况分析，2018年出版的数据集中有4个数据集的范围覆盖全球，占年度出版数据集的2.38%；跨洲区域数据集3个，占年度出版数据集的1.79%。亚洲数据集出版达125个，占年度出版数据集的74.40%，为出版最大的数据集。

从数据集学科领域情况分析，发现在2018年出版的数据集中，学科领域涉及陆地的数据集130个，占年度出版数据集的77.38%。涉及海洋（包括深海、浅海、极地、海岸带和海岛等）的数据集36个，占年度出版数据集的21.43%。此外，文化、艺术领域2个，占年度出版数据集的1.19%。

第七章　科学数据国际合作

开展科学数据国际合作是推动科学数据管理能力、提升科学数据应用水平的重要途径，近年来我国科学数据工作的国际影响力日益提升，一些学科领域的科研机构和科研人员积极参与国际合作计划和重大项目，不同学科领域间的国际交流日益频繁，有效带动了科学数据的国家交流合作与资源共享利用。我国科学数据工作者也越来越得到国际同行的认可，越来越多的科学家在国际科学数据组织中担任重要职位，并获得相关奖项，科学数据国际合作取得实效。

一、科学数据国际化影响力稳步提升

随着我国科学数据工作的不断推进，科学数据质量稳步提升，特色科学数据产品日益丰富，部分科学数据中心或科学数据库国际影响力逐步提升。我国科研机构也积极通过多种渠道和方式加强科学数据工作宣传并提升其国际影响。例如，在符合国家政策要求和科学数据分级分类管理原则的基础上，发布英文版科学数据服务平台并开通国际用户服务通道，积极参加国际权威数据中心的认证工作，主动参与国际相关数据标准的研讨等。此外，在部分学科领域已有越来越多由我国科研机构和科研人员参与甚至引领的国际合作计划和重大项目，我国正积极加强与国际组织和国际知名数据中心的合作交流，推进相关共享合作框架下的科学数据交换和互操作。

1. 生物信息领域数据平台建设取得国际认可

中科院北京基因组研究所生命与健康大数据中心（BIG Data Center，BIGD）2018 年被生物大数据领域权威期刊《核酸研究》（*Nucleic Acids Research*）列为与美国 NCBI、欧洲 EBI 齐名的全球核心数据中心，相关介绍文章如图 7.1 所示。BIGD 成立于 2016 年 2 月，是一个涵盖多组学数据的生命与健康大数据资源系统，主要包括组学原始数据归档库 GSA、基因组数据库（Genome Warehouse，GWH）、基因组变异数据库（Genome Variation Map，GVM）等。

Nucleic Acids Research, 2018, Vol. 46, Database issue **D1–D7**
doi: 10.1093/nar/gkx1235

The 2018 *Nucleic Acids Research* database issue and the online molecular biology database collection

Daniel J. Rigden[1,*] and Xosé M. Fernández[2]

[1]Institute of Integrative Biology, University of Liverpool, Crown Street, Liverpool L69 7ZB, UK and [2]Institut Curie, 25 rue d'Ulm, 75005 Paris, France

Received November 28, 2017; Editorial Decision November 29, 2017; Accepted November 29, 2017

ABSTRACT

The 2018 *Nucleic Acids Research* Database Issue contains 181 papers spanning molecular biology. Among them, 82 are new and 84 are updates describing resources that appeared in the Issue previously. The remaining 15 cover databases most recently published elsewhere. Databases in the area of nucleic acids include 3DIV for visualisation of data on genome 3D structure and RNArchitecture, a hierarchical classification of RNA families. Protein databases include the established SMART, ELM and MEROPS while GPCRdb and the newcomer STCRDab cover families of biomedical interest. In the area of metabolism, HMDB and Reactome both report new features while PULDB appears in NAR for the first time. This issue also contains reports on genomics resources including Ensembl, the UCSC Genome Browser and ENCODE. Update papers from the IUPHAR/BPS Guide to Pharmacology and DrugBank are highlights of the drug and drug target section while a number of proteomics databases including proteomicsDB are also covered. The entire Database Issue is freely available online on the *Nucleic Acids Research* website (https://academic.oup.com/nar). The NAR online Molecular Biology Database Collection has been updated, reviewing 138 entries, adding 88 new resources and eliminating 47 discontinued URLs, bringing the current total to 1737 databases. It is available at http://www.oxfordjournals.org/nar/database/c/.

NEW AND UPDATED DATABASES

This 2018 *Nucleic Acids Research* Database Issue is the 25th annual collection of bioinformatic databases. The quarter century arrives with 181 papers which, as ever, span all areas of molecular biology research. The total includes 82 new databases (Table 1) and 84 updates of resources that have previously appeared in the Database Issue. There are also 15 updates on databases previously described elsewhere (Table 2).

As in previous years, databases are grouped into eight broad subject categories. These cover (i) nucleic acid sequence and structure, transcriptional regulation; (ii) protein sequence and structure; (iii) metabolic and signalling pathways, enzymes and networks; (iv) genomics of viruses, bacteria, protozoa and fungi; (v) genomics of human and model organisms plus comparative genomics; (vi) human genomic variation, diseases and drugs; (vii) plants and (viii) other topics, such as proteomics databases. In an era of increasingly interdisciplinary research, it is no surprise that the content of many databases spans multiple categories so that resources often do not sit comfortably in a single category. Readers are again urged to browse the whole issue, rather than confining themselves to the most obviously relevant sections. The *Nucleic Acids Research* online Molecular Biology Database Collection, which is available at http://www.oxfordjournals.org/nar/database/c/, retains its more finely grained organisation, encompassing 15 categories and 41 subcategories.

The issue begins with broad surveys of resources at major global centres, including the U.S. National Center for Biotechnology Information (NCBI), the European Bioinformatics Institute (EBI) and the BIG Data Center at the Beijing Institute of Genomics, Chinese Academy of Sciences. The NCBI Resources paper (1) presents an interesting analysis illustrating the extent of the cross-talk between different databases within the site, exemplifying the value to the user of the extensive data integration implemented at these centres. The EBI paper (2) describes new data types including image data, biobanks and biosamples, as well as charting the continued exponential growth in the volume of many kinds of data. The newest of the three, the BIG Data Center (3), focuses on genomic information, but also hosts facilities for samples, program code, and wikis. Many of the wikis are very active and have previously featured in NAR eg lncRNAwiki (4).

The 'Nucleic acid databases' section begins with updates from the International Nucleotide Sequence Database Collaboration (5) and its three contributors, GenBank, ENA and DDBJ (6–8) which together face the challenge of con-

*To whom correspondence should be addressed. Email: nardatabase@gmail.com

图 7.1 《核酸研究》介绍中科院北京基因组所 BIGD 大数据中心

GSA打破原先国际三大核酸数据库的垄断，成为国内首个被国际期刊认可的组学数据管理发布平台。截至2018年年底，GSA已获得国际50余种期刊的认可，支持发表80余篇科研论文，存储来自国内外100多家单位的生命组学数据700 TB。作为我国生命健康领域的组学数据平台，GSA为科研人员数据递交提供了更加方便快捷的信息化技术支持，有效缓解了当前中国生命组学数据汇交、存储与共享难等问题。

2. 微生物领域数据平台逐步引领全球微生物资源数据合作

世界微生物数据中心（WDCM）于2010年落户中国科学院微生物研究所，作为落户于我国生命科学领域的第一个世界数据中心，为我国微生物资源研究与利用带来了巨大的发展机遇。2018年，中国科学院微生物研究所微生物资源与大数据中心牵头在全球正式启动了模式微生物基因组测序、数据挖掘及功能解析全球合作计划"Global Catalogue of Microorganisms（GCM）10K Type Strain Sequencing Project"，计划5年内发起超过20个国家30个机构参加的模式微生物基因组测序、数据挖掘及功能解析全球合作计划，完成超过1万株细菌、古菌和真菌组学测序及功能解析，覆盖所有已知原核微生物及科以上真菌微生物物种，建立所有微生物物种的组学数据百科全书，提出微生物数据共享与应用的国际ISO标准，建立国际权威微生物参考数据库，为大规模的微生物组数据注释和挖掘提供支持。

此外，微生物资源与大数据中心建设的gcMeta平台，2018年10月在《核酸研究》上在线发表题目为《gcMeta：全球微生物组数据归档、标准化及分析平台》的论文，该平台目前已经整合来自国际相关平台（NCBI、EBI、MG-RAST等）及重要项目（HMP、Tara等）超过12万个样本数据，以及来自我国科学家超过2000个样本数据，总数据量超过120 TB。这一平台的建立与发布使我国科学家能够在世界范围内组织和协调各国相关力量，建立全球性合作框架，也让中国在微生物资源开发应用和数据共享方面，有机会承担更多责任和担当。

3. 中国天文数据中心成为亚洲首个获得CTS国际认证的数据中心

核心信任印章（CTS）数据中心认证体系是国际科学理事会世界数据系统（WDS）在全球推出的一套认证系统，从三大维度16个方面的指标对数据中心进行全面评估，目前已经得到国际权威机构的广泛认可。2018年10月25日，中国天文数据中心正式通过CTS国际认证，也成为亚洲首个获得该认证的数据中心，标志着中国天文数据中心服务能力得到国际认可，也是我国科学数据中心国际化能力提升的重要见证。

中国天文数据中心依托中国科学院国家天文台信息与计算中心的中国虚拟天文台研发团队（China-VO）维护和运行，面向天文学的科学研究、科普教育及相关学科和社会的需求，提供天文科学数据服务。中心现有天文相关科学数据量超过4 PB，同时集成了七大类上百种工具软件，包括数据处理程序、数据可视化程序、绘图程序、脚本语言、科学数据处理程序库、实用工具、虚拟天文台程序等，为中国天文界相关科研人员和天文爱好者提供服务。

二、科学数据工作者获得国际同行认可

1. 当选国际科学数据组织CODATA副主席

2018年7月，国际科学联合会和国际社会科学联合会正式合并成为国际科学理事会（ISC），国际科技数据委员会也相应更名为国际数据委员会CODATA，从国际科学理事会下一个专门关注科学数据的跨学科的

国际组织演变成推动大数据与数据科学发展的主要机构，致力于通过国际交流与合作提升各个领域研究数据的可获取性，以及提升此类数据的互操作性和可用性。我国于1984年成为国际数据委员会CODATA正式会员，并成立了CODATA中国全国委员会（简称中委会），中委会秘书处设在中国科学院计算机网络信息中心，负责联系、处理中委会的日常事务。中委会成立30多年来，积极组织国内各有关部门和研究机构参加CODATA的各类学术活动，协调各学科领域的科学数据工作，包括数据库建设、数据交换、学术交流等，成为我国科学数据工作的重要平台和开展国际科学数据交流的重要桥梁。

2018年11月9—10日，在博茨瓦纳首都哈博罗内举行的第31届国际数据委员会CODATA全体会议上，中国科学院计算机网络信息中心研究员黎建辉当选为该组织副主席，会议还选举一名荷兰科技专家担任主席，一名俄罗斯科技专家担任副主席（目前CODATA设有两名副主席），以及8名来自日本、加拿大、澳大利亚、印度、南非等国家和地区的科技专家担任执行委员会委员，这是继中科院院士郭华东于2010—2014年担任该组织主席以来，我国科技专家第二次当选该组织重要官员，继续在国际重要数据组织中发挥重要领导作用。

2. 青年数据科学家获得国际数据管理奖项

世界数据系统（WDS）是国际科学理事会（ISC）下设的专门性科学数据国际组织，是世界主要综合性国际科学数据组织之一，旨在推动建立国际科学数据开放共享体系与环境，促进数据源管理、长期保存、质量评估和数据服务方面的国际合作。2018年11月7日，在南非博茨瓦纳举行的世界数据系统（WDS）2018年国际数据周上，中国科学院微生物研究所微生物资源与大数据中心、世界微生物数据中心的吴林寰博士，获得2017年WDS数据管理奖。吴林寰博士所在的世界微生物数据中心团队倡导的全球微生物菌种保藏目录（GCM）在为分散于全球各个保藏中心和科学家手中宝贵的微生物资源提供一个全球统一的数据仓库，并以统一数据门户的形式，对全世界科技界和产业界提供微生物菌种资源的信息服务。为了提高微生物社区之间数据共享的准确性和效率，吴林寰博士设计并建立了微生物资源信息管理和数据共享的国际数据标准系统，为国际数据交换和微生物知识的交叉提供了解决方案。

WDS数据管理奖由WDS科学委员会评选，每年授予一位40岁以下数据学家[①]，该奖项近5年历届获奖人和国别信息详见表7.1。这是该奖项首次授予来自发展中国家和生命科学领域的提名人选，充分说明我国在部分学科领域的科学数据人才已经逐步走向世界前列。

表7.1 WDS数据管理奖历届获奖名单

获奖年份	获奖人姓名	获奖人工作单位	获奖人国别
2013	Robert Redmon	美国国家海洋和大气管理局	美国
2014	马小刚	美国爱达荷大学计算机系	美国
2015	Yaxing Wei	美国宇航局数据档案中心	美国
2016	Boris Biskaborn	德国阿尔弗雷德韦格纳研究所	德国
2017	吴林寰	中国科学院微生物研究所	中国

---

① 资料来源：https://www.icsu-wds.org/community/data-stewardship-award。

第八章　国家科技资源共享服务平台年度工作进展

国家科技资源共享服务平台是科技部、财政部长期支持建设的一类国家科技创新基地,旨在加强优质科技资源的有效集成,并提升科技资源的使用效率。截至 2018 年年底,共在 28 个领域形成国家科技资源共享服务平台,其中有 8 个属于科学数据类。国家平台在相关学科领域开展科学数据资源建设、集成与管理,提供数据开放共享服务与应用,平台有效管理的科学数据逐年增长,为大量国家重大科研项目提供了不同程度的数据支撑服务,形成了一批稳定的数据用户群,用户已覆盖 100 多个国家和地区,取得了重要进展和丰硕成果。

一、国家地球系统科学数据共享服务平台

1. 科学数据资源建设和发展概况

国家地球系统科学数据共享服务平台(以下简称地球系统数据平台)是以整合、集成地球系统科学领域的分散科学数据资源为重点,支撑国家科技创新和发展战略需求、服务全球变化和区域可持续发展研究、发展地球系统数据科学的公益性数据平台。经过近 20 年的建设,已建成由 1 个总中心、15 个学科或区域科学数据中心,以及 15 个数据资源点组成统一的、一站式的科学数据共享服务平台。

地球系统数据平台创新性地提出以自主生产与数据集成为核心,依托野外观测站点、大科学工程、国内外数据组织与学会、科研项目,多

学科、跨部门、跨区域、持续稳定的多源异构数据资源汇聚渠道，建成了国内最大多学科、多时空尺度的综合性地球系统科学数据库群，涵盖地球系统科学领域五大圈层、17个二级学科、1500个国际地学数据站点导航、5个国际数据库镜像和125个专题数据库。截至2018年年底，平台共有约25 000个数据集，资源总量约1.5 PB，在空间尺度上覆盖"站点—典型区域—全国—洲际—全球"，在时间尺度上跨越"百万年—万年—百年—近现代—未来情景"。

2. 主要科学数据资源

地球系统数据平台已建成125个专题数据库和一批支撑国家科技创新需求的特色数据产品。主要数据资源包括以下几个方面。

①面向全球变化、陆地/海洋生态系统响应及模拟应用需求，通过国际数据资源引进、挖掘依托单位历史航片和自主研发多源遥感参数反演模型算法，建成全球变化与区域响应综合集成数据库和覆盖全球范围的多时相、长时间序列陆地表层遥感影像及其产品库。

②面向"经略南海"和"建设21世纪海上丝绸之路"国家战略需求，通过长期走航观测、综合科学考察和模型模拟算法，建成海洋科学数据库，典型资源涵盖南海53年历史考察海洋水文、气象、温盐、海流数据、东印度洋综合考察航次大面观测/走航观测数据集、南海460年历史地图数据、南海诸岛百年历史地图数据等。

③面向"一带一路"倡议需求，通过专业科学考察、国际数据资源交换、自主加工等方式，建成了"一带一路"主题数据库、中国周边国家/地区主题数据库，以及资源内容涵盖东北亚地区地理、资源与生态专题数据库。

④面向京津冀协同发展、长江经济带发展、粤港澳大湾区建设、长三角一体化发展等区域协调发展战略需求，建成了中国典型区域主题数据库，资源包括京津冀、雄安新区、长三角、长江经济带、粤港澳大湾

区基础地理、水文地质、环境灾害等。

⑤面向生态文明建设、生态安全与绿色发展国家战略需求，建成土壤科学、湖泊流域、物候、地球物理等主题数据库，内容涵盖长时间序列中国大气环境站点监测数据、典型站点物候观测数据、全球及中国基础的、重点的、典型的湖泊生态环境等数据。

⑥面向国家科技项目数据汇交需求，截至2018年，地球系统数据平台已共享发布了1998—2014年启动的973计划资源环境领域项目102个、1999—2012年启动的科技基础性工作专项数据项目共计251个，汇交数据集7566个，数据总量达30.6 TB。

3. 重要研究成果与共享服务成效

地球系统数据平台自主研发首套海量、异构数据网络共享技术体系与分布式服务系统，具有智能推荐检索、异构数据透明访问、知识产权保护等数据共享服务核心技术，设计满足共享服务全生命周期流程的网络服务功能，为用户提供数据实体层面的一站式服务。同时，软件系统支持二次开发和个性化定制，已经在支撑科研项目、国土环保等行业及地方企业数据共享系统的快速构建得到了推广应用，获得相关专利5个，软件著作权22个。

为实现数据资源分类、集成、管理、分发和服务等各个环节的规范化，平台提出的"六位一体"的数据审查、发布与管理规范已成功推广到中国工程科技知识中心。2018年，借助平台专业知识优势编研出版《黑土利用与保护》《中国环境变迁遥感影像图集》《太湖水质目标管理系统化开发与应用实践》等9部专著，通过专业视角全方位解读地球系统科学的内涵，出版编研的《中华人民共和国行政区划变迁地图集（1980—2017）》入选中科院地理资源所2018年度十大科研进展。

平台深入研究数据共享服务的内涵，基于"数据－计算－模型－知识"

为一体的服务理念,以用户为核心,以需求为导向,不断提升服务品质,目前已拥有一批稳定的数据用户群,用户覆盖100多个国家和地区。截至2018年年底,实名注册用户达11万人,网站浏览量2.5亿次,累计资源下载量17.9 PB。为7400余个重大项目提供了不同程度的支持,在各类学术论文中被引用标注7200余次(图8.1)。

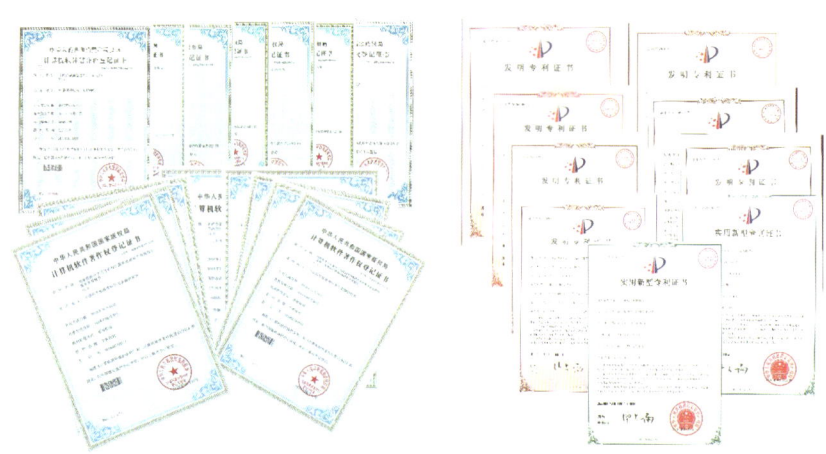

图8.1 国家地球系统科学数据共享服务平台计算机软件著作权和专利成果

利用平台全国流动人口动态监测数据的最新重要研究成果,通过对54个城市流动人口社会融合情况进行评估排名,撰写完成的《中国城市流动人口社会融合评估报告》(蓝皮书)已在北京正式发布,作为中国第一部以流动人口社会融合评估为主题的年度报告,获得200多家媒体的宣传报道,在社会上引起强烈反响。

二、国家基础科学数据共享服务平台

1. 科学数据资源建设和发展概况

国家基础科学数据共享服务平台(以下简称基础数据平台)整合了

中国科学院在物理、化学、天文、空间和生物学领域30多个研究所长期以来的基础数据。此外，还整合了国防科工委下属的中国工程物理研究院、中国原子能科学研究院在核物理与原子分子物理方面基础数据，青海湖国家级自然保护区多年来在青海湖流域开展的多类监测与观测数据，以及长春理工大学、北京大学、南京大学、石油大学等大学在物理、化学、天文、空间与生物领域研究产生的基础数据。

基础数据平台充分利用各参建单位在学科领域的数据资源优势，面向国家在基础科学研究、应用研究、技术创新和经济发展中对基础科学数据需求，对分散的专业数据库按照基础科学数据资源体系总体规划与设计要求，在统一标准规范的指导下，以学科为导向、以应用为牵引深化基础科学领域的数据资源集成与整合，实现了对化学、物理、生物、天文、空间等基础科学领域数据资源的整合，共集成数据资源总量达642 TB。

2. 主要科学数据资源

基础数据平台的数据资源以共建单位领域科学家实验室自主采集或野外观测为主，部分数据为基于自产数据和公开数据加工所得的领域增值数据产品。主要数据资源如表8.1所示。

表8.1 国家基础科学数据共享服务平台主要数据资源

序号	数据分类	主要内容
1	物理领域	面向国家科技发展中长期规划及中国科学院基地建设和重大工程项目，着眼物理学研究的主要方向和重大主题，持续积累了高能物理数据、核物理数据、原子分子数据、核聚变数据、光学技术数据等基础科学数据
2	化学领域	依据化学科学数据资源的组织与分类，收集整合了物理化学、有机化学、分析化学与光谱学、应用化学、天然产物与药物化学等主要化学分支学科及化学化工相关领域的基础科学数据

续表

序号	数据分类	主要内容
3	天文领域	结合天文学科研创新工作和重大项目的需求,不断收集整理国内天文数据资源,包括国产天文基础数据、国际镜像天文数据、毫米波射电天文数据、VLBI 射电天文和深空测量数据等基础科学数据
4	空间领域	内容涵盖行星际、中高层大气、宇宙线、电离层、太阳活动、近地空间等典型天基、地基空间环境要素观测数据;具体包括太阳数据、行星际空间环境数据、地球卫星轨道空间环境数据、地面宇宙线数据等基础科学数据
5	生物领域	面向科学院创新基地建设的需要,结合生命科学与生物技术学科的内在联系和特点,重点建设动物数据、植物数据、植物园引种保育数据、微生物数据、病毒资源数据、重要生物类群 DNA 条码数据等基础科学数据

此外,针对青海湖流域等典型区域开展的多类监测与观测数据,重点集成了研究过程中产生的各类数据及相关资料,如青海湖流域的监测设备长期采集的基础科学数据,以及定期开展针对野生动植物、水体等生物、生态资源的科研调查所积累的第一手基础数据。

3. 重要研究成果与共享成效

经过多年的持续建设,基础数据平台以基础科学数据为核心、数据质量为焦点,逐渐形成了完善的基础设施、技术体系、标准体系、服务体系、典型应用、政策制度共同构成的业务链。基础科学数据质量研究在理论认识和实践上都取得了丰硕成果,如理论上率先提出了"面向数据全生命流程"的质量观、数据质量成熟度模型、面向质量活动流程统一数据质量框架、数据溯源描述模型等;及时将数据质量研究和实践的成果提升为国家标准,如主导研制的《数据溯源描述模型》(GB/T 34945—2017)(图 8.2)和主要参与完成的《数据质量评价指标》(GB/T 36344—2018)均已经发布。此外,积极探索科学数据开放共享新模式,借助主办的国内唯一专门面向多学科领域科学数据出版的学术期刊——《中国科学数据》和科学数据存储库系统,汇聚优质的科学数据资源,推进科学数据的长期保存与数据资产管理。

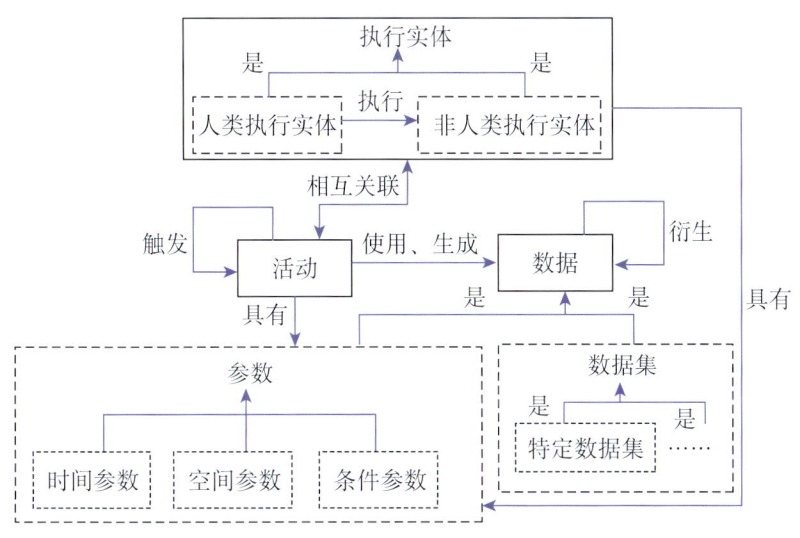

图 8.2 数据溯源描述模型

基础数据平台建立了完善的"数据服务 – 信息服务 – 知识服务"多元化服务体系,有效促进了基础科学数据的资源汇聚、开放共享、多学科交叉融合分析和广泛应用。截至 2018 年 12 月,累计在线访问 10 657.04 万人次,累计下载量 1486.05 TB;实名注册用户达 21 万人,多学科交叉融合分析模型在线服务用户达万人次;开展众包服务近百次,吸纳众包人才近 5000 人(图 8.3)。

为及时解决平台用户遇到的数据应用困难,基础数据平台专门设置了数据服务专员和安全专员,通过在线客服、电子邮件和服务电话等方式解答用户数据访问和使用中的问题。此外,还组织了专门队伍开展多元化、深层次的专题服务。共建单位通过数据资源、服务平台和服务支撑团队,针对科技创新和经济社会发展的特定需求,组织专门队伍开展专题服务,产生了良好的经济效益和社会效益。例如,核聚变物理专题数据库在系

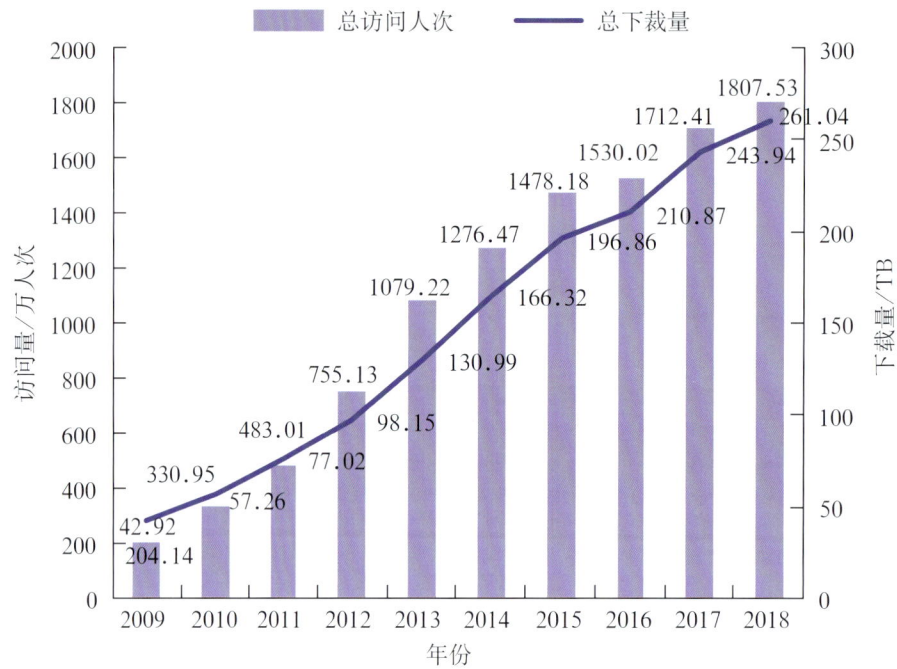

图 8.3 国家基础科学数据共享服务平台历年访问量和下载量

列国际热核聚变实验堆的核分析建模国际合作中提供专题服务，充分发挥软件工具的重要作用，同时收集大量有价值数据进一步丰富了数据库内容；动物主题库为《中国生物多样性红色名录》和《中国生物物种名录》提供专题服务，为名录编制提供了在中国分布的各种动物名称、分类系统、分布区、特征描述和文献等领域数据；重要生物类群 DNA 条形码数据库支撑新一代植物志 iFlora 的预研针对性地提供了植物物种相关整合数据，并构建了协同工作的科研信息化平台。

三、国家农业科学数据共享服务平台

1. 科学数据资源建设和发展概况

国家农业科学数据共享服务平台（以下简称农业数据平台）整合了作

物科学、农业资源与环境、动物科学与动物医学等 12 个农业核心学科 / 领域科学研究的过程和结果数据。2018 年新增作物基因组数据库、农业物候数据库、天然橡胶产业数据库、咖啡产业数据库等专题数据库 25 个，中心数据库（集）总量达 759 个；整合与更新资源总量 7 TB，中心总数据量达 755 TB，已成为我国农业科学数据资源的"蓄水池"和"聚集地"。同时，作为农业基础性长期性科学观测数据总中心，农业数据平台承担布局全国的 456 个农业观测监测站的科学数据汇交、保存和分析应用工作，数据涵盖了土壤质量、农业环境、植物保护、畜禽养殖、动物疫病、作物种质、农业微生物、渔业科学、天敌昆虫、农产品质量 10 个学科的 1 万余项长期监测检测指标，截至 2018 年年底已汇交数据 500 GB。

农业数据平台建立了涵盖资源收集、整理、加工、保存、共享服务及信息化支撑环境全业务流程的科学数据标准与规范，其中数据管理标准 10 项、技术标准 21 项。同时，各专业领域基于学科数据资源建设与管理特点，制定领域数据库管理、领域元数据标准和数据元标准等 130 项。平台基于完善的科学数据标准规范体系建设、全程质量控制体系建设确保科学数据质量，实现中心所提供科学数据的系统性、科学性、权威性及专业性。

2. 主要科学数据资源

农业数据平台夯实普查与考察数据整合、基础性长期性观测监测数据汇交、科学研究数据整合与传统数据电子化等多种数据资源建设与整合渠道，加速资源增量提升。平台整合建成了 60 个农业核心主题数据库，包括 756 个数据库（集）。主要数据资源如表 8.2 所示。

表 8.2 国家农业科学数据共享服务平台主要数据资源

序号	数据分类	主要内容
1	作物科学	收集整合了我国作物科学研究中产生的作物遗传资源数据、生理生化数据、分子生物学数据、育种数据、栽培数据和生产数据等，形成了六大类数据，建设了作物种质资源鉴定评价、水稻基因资源、作物标准规范等一批精品数据库
2	动物科学	整合了包括各种畜禽用饲料资源品质数据、饲料配方数据、畜产品品质数据、畜禽解剖学图谱数据。形成了中国饲料实体数据库、畜禽营养需要量数据库等一批精品数据库
3	热带作物科学	主要收集整合热带作物的种质资源、栽培技术、病虫害防控等全产业链上的科学数据，已建成了热带作物遗传资源数据库、热带作物育种数据库、热带作物栽培数据库、热带作物生物学数据库、热带作物基础数据库 5 类共 43 个数据库
4	农业区划科学	收集整理了中华人民共和国成立以来我国 3 次区划大调查形成的全国涉农的水、土、气、生等资源数据及开展的规划和农业结构调整等数据、1999—2012 年科技部支持的基础性项目中与农业相关的项目数据等
5	草地与草业科学	收集整合了分散在各科研、管理、企业等组织中的草地和草业信息化成果。进行现有数据资源整合的同时，对 20 世纪 50 年代以来的草地和牧草观测数据、第 1 次草地普查数据、其他分散的、濒临丢失的草业科学数据进行抢救和收集，通过数据加工、标准化和共享，形成了标准数据库
6	渔业科学	围绕国内渔业科学基础、热点数据，整合了渔业水域资源与生态特征数据、渔业物种资源与生物基础数据、渔业生物资源野外调查数据、渔业生态环境野外调查数据、水产养殖数据、捕捞渔业及管理数据、渔业装备与设施技术数据、渔业基础设施状况数据、渔业科技与经济管理数据九大类渔业科学数据，打造了海洋渔船分类及基础信息数据库、内陆渔船分类及基础信息数据库等多个精品数据集

3. 重要研究成果与共享服务成效

随着数据共享服务模式不断拓宽，服务对象不断扩大，农业科学数据共享和服务取得了显著的进展。截至2018年12月底，农业数据平台拥有农业科学数据用户2.6万人，累计登录用户155万次，开展离线服务3000余次。面向全国，为科研院所、大专院校、企业、政府部门、农业/渔业生产单位及社会公众等多类型用户提供农业科学数据专题服务。2016年以来，已为60余家高等院校和农业科研机构开展专项数据服务，基于数据服务实践与30余家企业建立密切合作关系，服务各级政府部门及地方机构60余家，为2万余名博士、硕士、本科及大专毕业生和1400余名科研人员和少量农民用户提供科学数据服务。

农业数据平台基于平台的数据资源优势，开展了一系列的重要服务案例。①服务农业科技创新，提升创新能力和效率。利用平台自身覆盖资源学科范围广、类型丰富的优势，积极为国家科技重大专项、各级各类农业科技计划项目（课题）提供科学数据服务。②服务政府决策管理，降低决策风险。在"地区农业规划类编制专题服务"中，利用平台相关历史数据资料及专题制图能力，有力支撑了"伊犁怡然生态休闲农庄规划""甘肃省定西市现代种业规划""辽宁省葫芦岛市兴城市省级现代农业产业园规划"等的编制。③服务国家扶贫发展战略，促进区域发展进步。平台积极承担社会责任，瞄准县域脱贫攻坚中存在的科技和人才短板，开展联合专题服务。例如，深入云南省会泽县、四川省昭觉县龙沟乡开展燕麦饲草技术扶贫，在内蒙古新巴尔虎左旗嵯岗镇推行牧草技术扶贫，促进农牧民增收的同时大大提升了当地的科技水平，社会效益显著。

四、国家林业科学数据共享服务平台

1.科学数据资源建设和发展概况

国家林业科学数据共享服务平台（以下简称林业数据平台）按照林

业和草原科学技术分类体系，面向国家林业和草原局的业务管理领域，开展科学数据的收集整合、系统集成、长期保存工作。着眼林草科学数据资源建设的长远发展，逐步建立与完善以森林、草原等行业资源为主体的林业和草原科学数据体系架构；研究与编制林草科学数据整合与共享的技术标准与规范，建立数据质量控制体系；逐步建立和完善系统、全面、及时更新的林业和草原科学数据体系。

林业数据平台整合并开放的基础性科学数据包括森林资源、草原资源、湿地资源、荒漠资源、自然保护地资源、林业生态环境、森林保护、森林培育、木材科学与技术、林业科技信息、林业科技项目和林业行业发展十二大类别的林业和草原科学数据。截至 2018 年年底，集成并建立了 178 个基础性科学数据库，数据实体总量达 1.2 TB。同时，基于基础性科学数据的积累、研发、定制，推出了各类相关数据产品，数据产品的数据实体总量已达 2 TB 以上。

2. 主要科学数据资源

林业数据平台的数据资源以森林、草原、湿地、荒漠等林业专业调查、普查、监测等工作所产出的数据为主体。主要数据资源如表 8.3 所示。

表 8.3　国家林业科学数据共享服务平台主要数据资源

序号	数据分类	主要内容
1	森林资源数据	国家森林资源连续清查、地方森林资源规划设计调查和森林采伐更新设计调查所产生的数据，以及科学研究的抽样样地调查、境外森林资源等数据
2	草原资源数据	全国草原数据与草原分区数据、典型草原区调查与监测数据等
3	湿地资源数据	全国湿地调查数据、全国湿地动态变化监测数据、各级别湿地分布数据、典型湿地调查监测数据、湿地物种和湿地保护数据等

续表

序号	数据分类	主要内容
4	荒漠资源数据	全国荒漠化和沙化土地调查（监测）数据、典型沙漠土地现状及动态变化监测数据、全国沙漠空间分布数据、荒漠化治理数据、全国（8个省区）岩溶地区石漠化监测数据等
5	林业生态环境数据	全国重点保护野生植物资源调查等森林生物多样性数据；全国古树名木资源普查数据；青藏高原等典型生态区基础数据；国家林业和草原局"生态定位观测网络"300个生态站产出的全国森林、湿地、荒漠生态定位观测研究成果数据等
6	自然保护地资源数据	国家公园、自然保护区、风景名胜区、森林公园等十几种不同类型的自然保护地的分布数据、保护物种数据、监测调查数据等
7	森林保护数据	森林火灾调查和统计、森林火险预报、林火遥感监测等森林火灾数据；森林生物病害调查、统计和分布，有害生物检疫，外来生物入侵等林业有害生物数据
8	森林培育数据	中国造林树种、草种、林木良种、栽培技术等林木育种数据；全国各省（区、市）植树造林统计数据、全国主要造林树种造林技术；全国森林土壤分布、省级森林土壤分布、典型地区土壤剖面、主要造林树种土壤等森林土壤数据等
9	木材科学与技术数据	木材生物学性质、木材化学性质数据；木材电学性质等木材物理学数据；木材切削性质、耐磨性质等木材力学数据；木材超微结构、木材计算机辅助识别等木材解剖学数据；木材无损检测、木材防腐等
10	林业科技信息数据	林业基础学科、林业宏观战略和政策、森林资源与环境经济、森林认证、林业科技情报、林业科技论文、成果、标准、专利数据等
11	林业科技项目数据	重点研发计划项目、重大专项项目等产出的数据，以及原科技计划体系下的国家科技支撑项目、国家高技术研究发展计划（863计划）、国际合作项目及其他专项资助项目等产生的科研成果数据
12	林业行业发展数据	各林业生态重点工程基础数据；中国林业发展报告、林业年度统计数据；重点省（区）、市、县资源环境与社会经济数据等

3. 重要研究成果与共享服务成效

林业数据平台不断优化网络数据服务系统，创新服务模式，扩充服务内容，扩大用户群体，面向国家科技创新、经济社会发展的需求，开展用户体验便捷化的数据共享运行服务。具体包括面向全社会提供在线、离线数据服务，面向各类科技计划项目主动提供数据支撑，面向国家重大需求既提供数据、应用系统软件，又开展技术培训，即提供系列化的数据与技术服务。

林业数据平台网页的用户浏览量多于 100 万次/年，注册用户新增量多于 1000 户/年，离线、在线向用户提供各类林业科学数据超过 1 TB/年，成为科技、管理人员获取基础数据的可靠平台，成为社会各界了解林业科学、国家生态建设与林业发展的公共信息平台。其中，林业数据平台开通微信公众号"林家那些事儿"，创新数据服务模式，利用无线移动互联网络向社会公众提供林草科学数据与信息，受到广大公众欢迎。

林业数据平台为各类科技计划项目提供数据共享服务，服务的科技项目数量超过 50 项/年，为国家科技创新提供数据支撑。其中，在科技部科技基础性工作专项"中国森林植被调查"项目在研的 5 年间，根据项目进展的需求，先后分 7 次向该项目提交了 30 个省（区、市）的森林分布图数据共 51 个时次、5 个省区的 93 个县（市、区）（林业局）的林相图数据等巨大数量的森林资源数据。

林业数据平台面向林业生态建设、精准脱贫、老（区）少（数民族地区）山（区）等区域发展提供数据与技术服务，包括面向贵州石漠化治理工程的联合专题服务、面向湖北大别山革命老区林业精准脱贫攻坚的联合专题服务等，得到地方政府和当地群众的好评，取得了良好的服务成效。

五、国家气象科学数据共享服务平台

1. 科学数据资源建设和发展概况

国家气象科学数据共享服务平台（以下简称气象数据平台）坚持"权威、开放、共赢"的发展与服务理念，聚焦数据汇集和融合应用，建设权威的气象大数据政府平台；立足社会公益和公平普惠，打造开放的气象大数据服务门户；致力开放共享和众创发展，推动共赢的气象大数据产业发展。气象数据平台数据资源类型涵盖了地面、高空、辐射、海洋、农业和生态气象、大气成分、气象灾害、历史气候代用、气象卫星、天气雷达及数值模式产品等；基于基础数据资源共研制了超过600个基本覆盖大气科学领域的数据集产品，涵盖了海洋、陆地及高空多圈层的数据产品，数据量达到137 TB，其中超过50 000 GB的数据已实现网络在线共享。

气象数据平台为提升数据质量，深入攻关数据质量控制和质量评估技术，开展全球气象数据质量评估系统建设，开展了一系列从数据采集端到应用服务端的全流程气象数据质量控制和数据资源评估工作，针对实时、历史资料，分别建立了台站级、省级、国家级三级自动气象站实时资料质量控制系统，从数据收集及时性、完整性及正确性等角度，实现了全球地面、海洋、高空、飞机等资料的数据质量动态评估，保证"数据及时收得到""质量及时看得清"。

2. 主要科学数据资源

气象数据平台拥有我国多产品种类的气象科学数据，且数据历史跨度较大。此外，利用社会力量有效促进气象大数据资源共汇"一张网"，推动"互联网＋气象服务"众创发展。主要数据资源如表8.4所示。

表8.4 国家气象科学数据共享服务平台主要数据资源

序号	数据分类	主要内容
1	气象档案数字化资源	截至2018年，完成了全国31个省（区、市）报送的613万页成果的整理，全国国家级台站有自记降水观测降水数据集的研制，以及对31个省（区、市）相对湿度、气压图像文件的质检评估；实现了1951年以来国家级馆藏珍贵重要档案的扫描"全覆盖"，包括40万页中华人民共和国成立前报表及60多万页地面、高空、农气、辐射报表的扫描
2	行业汇交数据资源	通过数据资源汇交工作的开展，收集超过47 TB的数据资源，其中涵盖行业交换资料、自建台站观测资料、模式输出资料、科研探测资料和其他未曾上传气象科学数据中心的重要气象资料。此外，通过数据购买、互联网下载等方式开展了《中国县域国民经济统计年鉴》等国民经济统计年鉴数据、MODIS卫星等社会和互联网数据的规范化收集，累积数据量20 TB
3	科学专题数据资源	基于气象数据平台的中国气象数据网，建立了"青藏高原科学考察基本资料服务专题"，收集整合了第三次青藏高原大气科学试验的土壤湿度再分析、飞机探测等共七大类12小类的数据和产品
4	基础气象数据及网格化产品数据资源	与高校、科研院所和公司等合作，开展气象数据与重点行业需求融合深挖，开展并实现气象数据与遥感数据在智慧农业服务中的应用，不断提升数据规模、数据质量和应用服务水平。此外，对标国外数据空间化方法，基于全国国家站和区域站自动观测数据，开展了近10年逐小时5 km×5 km气温、气压、湿度、风速及降水数据产品的研制和数据产品的评估
5	同化分析产品数据资源	利用数据融合技术、CMA陆面数据同化技术和多模式集成技术，研制开发了第二版本CLDAS-V2.0气象数据产品，产品内容不断丰富，包括温压湿风、露点温度、太阳辐射、土壤湿度、土壤温度、地表温度、土壤相对湿度、感热潜热通量、蒸散发、径流、能见度等要素内容。目前，该系统生成的产品已经在土壤墒情监测、环境监测、智能网格预报等业务中进行了推广使用

3. 重要研究成果与共享服务成效

气象数据平台立足业务现状和应用需求，在数据的收集、加工、存储管理、服务和应用全生命周期流通过程中，制定和完善《气象资料核心元数据》《气象资料分类与编码》《气象资料质量控制》等一系列数据规范和标准50余项，形成了气象科学数据共享标准体系，涵盖数据产品制作、质量控制及数据产品发布等方面，有力保证了气象科学数据资源在数据收集、处理、管理和服务应用全生命周期的"语言一致性"和"数据标准化"，保障了数据在全生命周期流通的质量，增强了优质服务供给。平台建设方面，应用云计算及公有云弹性架构，依托公有云平台，建立了涵盖网站、移动端等综合服务平台；基于跨行业、跨领域海量资源整合和脉络分析，推动气象大数据向智能、交互、融合方向演变。

气象数据平台通过扩展数据收集手段，发展了基于知识产权保护的社会化气象数据汇交技术；进一步提升数据质量，探索了面向全球气象数据的质量保障和动态评估技术；有效增强平台数据资源管理能力，实现了混合云技术在国家级专业数据服务领域的落地化应用；扩展气象数据应用效果，实现了基于知识图谱的气象数据挖掘及综合可视化技术。通过以上改进，取得了显著的经济效益和社会效益。

气象数据平台响应国家政府公共数据资源开放要求和中国气象局气象资料和产品共享政策，面向全社会提供公益、平等、普惠的气象大数据服务。截至2018年年底，气象数据平台在线订单用户年数据服务量14.63 TB，总用户数突破25万，用户访问量约1.2亿人次，数据服务量68 TB；通过门户网站、官方微信、微博和移动客户端服务开展日常宣传工作，双微发文近万条，阅读量超过7000万次，在2018年第三季度入选全国政务新媒体气象榜前十，单周最高排名第一。经过多年的持续发展，目前已基本形成一支高素质的数据服务团队、技术力量雄厚的产品研发团队和高效率的运行保障团队,在国家防灾减灾救灾、生态文明建设、"一带一路"发展、军民融合工程等建设中发挥着重要作用。

六、国家地震科学数据共享服务平台

1. 科学数据资源建设和发展概况

国家地震科学数据共享服务平台(以下简称地震数据平台)由中国地震台网中心和共建单位组成,充分利用各参建单位产出数据的专业特点和科研业务范围,承担专业数据资源的整合改造、共享发布与数据服务。地震数据平台整合了中国地震局各直属单位及省局近50年来的观测数据及科研数据,形成了覆盖测震、强震动、地电、地磁、地下流体、大地形变、地球化学等学科门类的数据库(集)。主要提供地震观测数据、地震探测、地震调查(考察)、地震试验与实验、地震专题、防震减灾类数据及其他地震相关科学数据和产品。截至2018年年底,平台已整理、整合相关数据资源达400 TB。

2. 主要科学数据资源

地震数据平台的数据资源以参建单位获得的原始观测数据及领域科学家实验室自主采集或野外观测的原始观测数据为主,部分数据为基于自产数据和公开数据加工所得的领域增值数据产品。主要数据资源如表8.5所示。

表8.5 国家地震科学数据共享服务平台主要数据资源

序号	数据分类	主要内容
1	测震数据和产品	包括台站和仪器元数据信息、台站连续波形、事件波形、地震目录、地震震相、大震震源机制、大震破裂过程等数据和产品

续表

序号	数据分类	主要内容
2	强震动数据和产品	包括固定强震动台站和仪器元数据信息，大震期间台站连续波形数据、最大加速度记录、速度记录、位移记录、反应谱、傅立叶振幅谱、大震仪器烈度等数据和图形产品
3	地磁台站数据和产品	包括地磁台站的连续观测数据和观测日志信息，以及分均值、时均值、日均值、K指数、磁暴、时均值、子夜均值及图件等台网产出产品
4	地电数据和产品	包括地电阻率的原始、预处理、分数据、时数据、日值数据、相关系数、差值、电阻率精度等数据和产品，以及地电场相关的原始、预处理、分数据、时数据、日值数据、相关系数、差值，电阻率精度等
5	地下流体观测数据和产品	包括水温、地温、水位、水氡、气氡、二氧化碳、气汞，其他气体及离子等观测数据，及其分钟值、小时值、日值及变化等产品
6	定点地壳形变测量数据和产品	包括地倾斜和地应变的观测数据、预处理数据、小时值、日均值及观测日志等
7	大地形变数据和产品	包括区域精密水准、GNSS基准站和GNSS流动站的观测数据、点位数据、位移时间序列产品、位移场、应变率、中国大陆地壳运动速度场产品、电离层、对流层等产品
8	遥感数据和产品	包括电磁卫星数据、全国TM/ETM可见光遥感数据、大震前后SAR/InSAR遥感数据等
9	大震科考数据和产品	包括中国大震震后科考数据整理和编目工作，如汶川地震、玉树地震、雅安地震等大地震科考数据，涉及地球物理探测、地震地质、地壳形变、工程震害考察相关数据和产品产出
10	科学实验数据和产品	包括中国科学台阵、喜马拉雅计划、中国地震科学试验场等项目产出

3. 重要研究成果与共享服务成效

地震数据平台按照"整合、共享、完善、提高"的总体目标，围绕创新服务模式、丰富服务内容、提升服务能力、完善组织管理、深化资源整合、提高资源质量开展工作。在收集行业各类科学数据的基础上，强化资源整合和加工，不断丰富共享服务数据和产品。在保证平台稳定运行、数据持续更新与有效服务的基础上，继续强化地震科学数据共享服务。积极拓展地震信息公共服务渠道，创新服务模式，不断提升地震信息服务的时效性和覆盖范围。落实并不断完善各项规章、标准和制度。

经过多年努力，地震行业已经初步建成了多学科、多门类的地学基础数据观测网，建立了测震、强震动、电磁、形变和流体等观测台网和测线累计长度达15万千米的流动物理场观测系统，产出并积累了大量的观测、探测、调查（考察）、实验（试验）类等科学数据。截至2018年年底，地震数据平台的数据量超过400 TB；服务网站运行率优于99.8%，平台各网站用户访问量约900万人次；注册用户近8600人，主要为教育、科研和政府机构用户；在线数据下载或离线数据资源超过155 TB；服务各级各类科技项目300余个；用户利用地震科学数据进行科学研究，发表期刊文章5000余篇。

地震科学数据不仅是防震减灾工作的重要信息资源和开展地球科学创新研究的基础资料，也是国家十分重要的战略信息资源，对解决资源、环境和基础设施规划建设等问题，以及在国家安全和经济社会发展等方面皆具有重要作用。基于地震科学数据，平台开展的重要服务案例包括：① 2018年5月12日，在四川成都成功举办了汶川地震十周年国际研讨会暨第四届大陆地震国际研讨会上，中国地震局发布了《国家地震科技创新工程》，实施"透明地壳""解剖地震""韧性城乡""智慧服务"4项科学计划，针对我国特殊的构造背景和孕震环境，广泛动员力量，开展协同攻关。② 2018年，地震数据平台主动服务雄安新区、京津冀协同发展、海南自由贸易试验区等重大发展战略，为编制地震安全专项规划和分析方案提供数据支撑。③建立了包括12322平台、地震新媒体平台、地震信息公共服务平台及地震信息播报机器人等多种地震信息服务体系，借助网站、微博、微信、移动APP等手段向公众快速发布地震信息，地震速报信息接收人口覆盖范围由百万量级提升至亿级。

七、国家海洋科学数据共享服务平台

1. 科学数据资源建设和发展概况

国家海洋科学数据共享服务平台（以下简称海洋数据平台）充分发挥依托单位的国家海洋数据资料统筹管理优势，整合了海洋环境数据、海洋地理信息产品和海洋专题信息成果三大数据类型，最早可追溯到1662年，空间范围覆盖全球海域，业务领域覆盖国内业务化观（监）测、海洋专项、国际交换与合作、大洋科考、极地考察、军民交换，以及海洋经济、海域海岛、海洋生态和海洋预报减灾等；学科涉及海洋自然科学和社会科学，原始数据资源总量475.32 TB。平台共建单位包括涉海科研院所、高校、海洋专题数据管理机构及部分涉海企业，充分利用各自在区域和学科领域优势，整合海洋环境观测数据、生态监测数据、基础地理与遥感影像数据、区域海洋水色遥感专题产品、动力环境遥感专题产品及应用监测产品、南北极历史考察数据、湿地及滩涂生态环境监测数据等，原始数据量共2 TB。

依据国家有关海洋数据采集、传输、处理和存储管理的标准，海洋数据平台以应用服务为导向，研究构建了按区域、学科、要素、观测手段分类的海洋数据存储模型，形成了分类合理、应用方便的数据集278个，元数据清单百万余条。此外，海洋数据平台制定了《国家海洋科学数据共享服务平台建设运行管理办法》《海洋科学元数据标准》《海洋科学数据共享技术标准》等相关办法、标准，为平台建设运行服务提供依据。

2. 主要科学数据资源

海洋数据平台的数据资源主要以海洋专项调查、业务化观测、综合业务管理和国际交换合作等积累的基础数据为主，以及增值信息产品，具体见表8.6。

表8.6 国家海洋科学数据共享服务平台主要数据资源

序号	数据分类		主要内容
1	海洋环境数据	国内业务化观测	收集整合了中国近海133个海洋站、35套锚系浮标、3套岸基高频地波雷达、8套X波段雷达、51艘志愿船和15条标准海洋断面的实时和历史观测数据，共5242.44万站次
		国内业务化监测	中国近海区域的海洋大气、海水、海洋垃圾、海洋沉积物、海洋生物、海草床和红树林群落、珊瑚礁等业务化监测数据，共99.1万站次
		海洋专项调查	覆盖中国近海和太平洋、印度洋等重点领域的海洋专项调查、专项整编和专项研究等数据，共5123.51万站次
1	海洋环境数据	大洋科学考察	我国在太平洋、大西洋和印度洋等海域开展的57个航次现场调查、474个研究项目成果，共817.7万站次、42.2万千米地球物理测线、87条导航航迹、55潜次海洋声学
		极地科学考察	南极周边重点海域、南极冰盖、南极大陆、北极重点海域、北极站基周边地区和极地空间的极地考察资料，共24.77万站次、1088千米地球物理测线
		涉海部门历史调查资料	西太平洋中西部、南海/东海/黄海海域的各海区水文历史调查资料、东海/黄海沉积专项调查、福建科委海岸带调查，共11.09万站次
2	海洋地理信息产品	海洋遥感数据产品	遥感影像信息产品、遥感专题要素图形产品和数据集产品、海洋遥感综合数据集
		海洋基础地理产品	栅格数据集、矢量地形产品和数字高程（DEM）信息产品

续表

序号	数据分类		主要内容
2	海洋地理信息产品	海底地形数据产品	单波束、多波束标准数据集产品和 5 m、50 m、100 m、200 m、500 m 和 1000 m 分辨率网格化地形数据集产品和海底地形综合数据集,来源于全球变化与海气相互作用专项、中国近海海洋综合调查与评价专项、大洋科学考察和极地科学考察获取的单波束、多波束海底地形调查
3	海洋专题成果数据	—	覆盖海洋经济、海域海岛、海洋生态、海洋政策法规、海洋权益维护、海洋预报减灾等海洋综合管理全领域业务成果,包括数据库/集、公报、专报、年鉴、图集等

3. 重要研究成果与共享服务成效

海洋数据服务平台以"建立机制 – 整合资源 – 研发平台 – 运维推广 – 攻关技术"为链条,持续完善数据汇聚更新机制,整合汇聚各领域各区域海洋科学数据资源,突破海洋云计算、共享资源池和可视化等海洋数据共享关键技术,不断在理论研究和实践应用创新海洋数据共享服务理念和模式。①研发覆盖国内用户、西太平洋海洋数据和信息交换网络项目成员国(以下简称西太成员国)和东盟沿线国家的多模态、多元应用的海洋数据共享服务系统,形成国内首个标准统一、服务便捷、开放安全的海洋数据共享服务体系。国际版系统主要针对西太成员国提供数据共享服务,促进成员国间海洋数据交流合作。②攻克了海洋信息云计算、共享资源池构建和可视化表达等关键技术,创新海洋数据共享服务模式和理念。构建海洋数据共享资源池,以标准化服务接口方式向各类用户提供元数据、实体数据和可视化表达服务;采用高性能虚拟化动态调配技术搭建专网在线虚拟桌面环境,为用户提供数据在线分析、处理、计算和产品制作服务,解决了敏感海洋数据和共享需求的矛盾。研发了海洋环境数据时空过程可视化表达、GIS集成、知识挖掘等技术，提高数据的使用便捷性和对数据的理解力。

海洋数据平台网站自2018年5月改版上线至12月底，共有来自200余个单位的1600余人实名注册互联网门户系统，平均月访问约2万人次，在线数据共享服务950余万次，下载数据量8.7 TB，有效支撑了教育科研、交通运输、国防工程等各领域的业务发展（图8.4）。通过海洋通信专网，为自然资源部440多个联通单位提供海洋专项调查、业务化观测数据和基础地理数据服务191批次，合计约200 GB；通过离线和点对点传输服务为军队提供海洋环境数据及专题信息产品约55 TB，为海上军事行动和装备试验提供了有效支撑，极大地促进了海洋信息领域军民融合。面向西太平洋区域国家和21世纪海上丝绸之路沿线国家不定期推送海洋环境数据、海洋基础地理数据及图集报告等产品，为推动我国海洋数据共享服务和技术标准走出去、打造人类海洋命运共同体提供重要支撑。

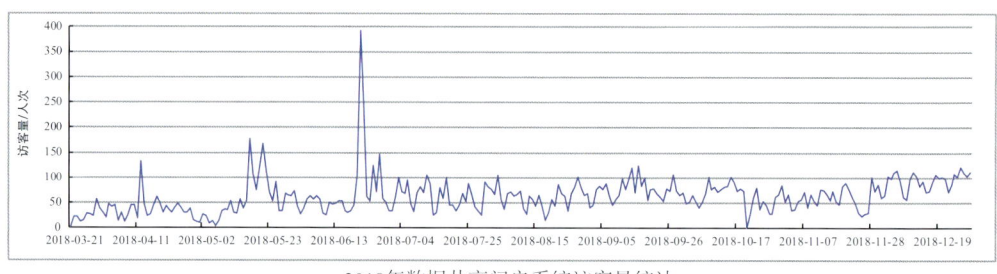

a 2018年数据共享门户系统访客量统计

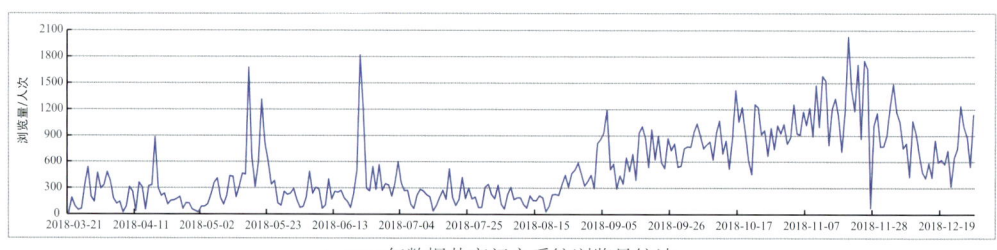

b 2018年数据共享门户系统浏览量统计

图8.4　国家海洋科学数据共享服务平台2018年门户系统服务成效

八、国家人口与健康科学数据共享服务平台

1. 科学数据资源建设和发展概况

国家人口与健康科学数据共享服务平台（以下简称人口健康数据平台）联合医疗卫生机构和科研机构，利用各自优势，进行了多途径的科学数据资源整合。目前，汇聚资源以行业顶级专业机构的工作数据、监测数据、研究数据及国家科技计划课题产生的科学数据为核心，同时涉及部分相关生物种质资源、仪器设备等科技资源、医学术语、标准、报告、人才等科技资源，覆盖基础医学、临床医学（包括影像、病理等）、公共卫生、药学、中医药学和人口与生殖等多种类型。

为了保障提供的数据资源的权威性、科学性，人口健康数据平台建立了数据质量控制体系。结合本领域数据资源特性，采取人工审核、信息系统逻辑设计和辅助校验软件对数据进行检查，实现数据的全流程质量控制，同时采用统计分析结果进行追溯控制等多层控制策略来完成数据质量控制。对特殊数据，融合专家审核的线下控制方法，进行开展全面深入的数据质量控制。

同时，人口健康数据平台构建了人口健康科学数据管理与共享标准体系框架，用于指导人口健康数据中心标准化相关工作开展及相关标准制修订计划、规划编制和实施。在标准的框架下，规范本领域数据制作，细化分类分级、描述和标识，并积极研究和编制行业标准，加强数据中心资源的唯一标识、组织描述和评价遴选等，全面提升数据中心资源质量和进行规范化数据管理。

2. 主要科学数据资源

截至 2018 年年底，人口健康数据平台的数据总条数达到 229 亿条，数据总量 186.03 TB，2018 年新增数据量 96.44 TB，新增数据条数超过

111 亿条。其中，公共卫生领域、药事管理、中药资源普查数据、中国流动人口动态监测调查数据、全国脑卒中筛查与防治数据库、国民体质与健康数据库、"华表"全外显子公共数据库等多项专业数据为国内唯一的、最权威的专业领域共享数据（表 8.7）。

表 8.7 国家人口与健康科学数据共享服务平台主要数据资源

序号	数据分类	主要内容
1	中药资源普查数据	国家中医药管理局于 2011 年 8 月组织开展全国中药资源普查试点工作的成果。中药资源普查数据收集整理了 2017 年第四次全国中药资源普查数据，并汇总整理与大健康相关可共享的数据进行推广应用
2	全国脑卒中筛查与防治数据	覆盖全国 31 个省（区、市）、卫生健康委和新疆建设兵团建立的 327 家脑卒中筛查与防治基地医院，示范高级卒中中心 30 家，高级卒中中心 201 家，卒中中心建设单位 108 家，示范卒中防治中心 87 家。截至 2018 年 12 月，已收录筛查数据 1000 余万例，年数据量达到约 70 GB，是目前全球最大的脑卒中数据库
3	中国流动人口动态监测调查数据	国家卫生健康委自 2009 年起一年一度大规模全国性流动人口抽样调查数据，覆盖全国 31 个省（区、市）和新疆生产建设兵团中流动人口较为集中的流入地，每年样本量近 20 万户
4	国民体质与健康数据	来源于中国医学科学院基础研究所自 2001 年以来的 3 个五年计划全国性居民健康调查数据
5	"华表"全外显子公共数据	在科技部和国家卫生健康委有关部门的指导下，由复旦大学现代人类学教育部重点实验室联合艾吉泰康于 2017 年 9 月发起"华表"全外显子组数据库项目
6	肿瘤转录组学数据	依托前期研究基础，结合"十三五"国家重点研发计划"数字诊疗装备研发"重点专项（2017YFC0108602）和多个国家自然科学基金项目，对 2016—2018 年收集的多种肿瘤样本及放射治疗前后样本进行高通量测序，并进而进行大样本验证，提供差异表达的转录组学数据
7	中国天然产物化学成分数据	主要收集了自 20 世纪 50 年代以来研究较为深入的中草药化学成分的相关信息，共收录化学成分 1 万余种，涉及中草药 4500 余种。目前已更新至 10 458 条数据量

3. 重要研究成果与共享服务成效

人口健康数据平台在国内的访问用户已覆盖包括港澳台在内的23个省、5个自治区、4个直辖市、2个特别行政区；国外的访问用户主要来自美国、法国、英国、俄罗斯、日本、荷兰、韩国、巴西等60多个国家和地区。2016年至今，人口健康数据平台累计提供实物资源服务16 461次，图书文献服务104 687次，科学数据和资源信息服务25 861.50 GB，培训服务73 549人次，技术与成果推广服务2043次。访问量共计2000余万人次，访问人数超过500万，访问页面数超过2亿个。服务科研院所1098所，服务高等院校3876所，服务政府部门1392个，服务医疗机构7349个，服务企业单位1875个，服务军事医疗部门132个，服务民间组织198个，服务金融法律机构4个，服务海外机构3646个，服务新闻媒体83个，其他服务数量5866个。服务国家重大科技专项和各级各类科技计划10 000多个。支撑发表论文4677篇，支撑发表论著82部，支撑获取专利数量107个，支撑标准制定数量58个，支撑科研成果获奖数量29个，支持政府决策数量143个，支持重大工程数量43个，支持应急事件数量12个，支持企业创新数量16个，服务民生数量1875个。

在专题服务方面，人口健康数据平台充分利用互联网优势，逐渐实现"互联网+人口健康科学数据服务"的新模式。根据广大用户的需求，特别是针对现阶段社会创新、服务民生等需求，建设了16个专题服务，包括创新药物研究、中药方剂数据等支撑社会创新的专题服务，合理用药、热点传染病预警与追踪、气象与环境健康、生殖健康、国民体质与健康等服务民生的专题服务，卫生决策、农村三级医疗网等（图8.5）。

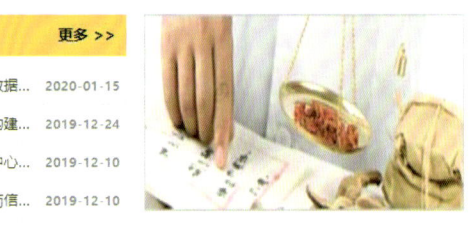

图 8.5　人口健康数据平台组织开展的中药方剂专题服务

第九章　我国科学数据资源发展展望

面向大数据时代科学数据发展的新趋势和新要求，深入分析我国目前科学数据资源发展面临的新问题和新挑战，围绕国家科学数据中心建设、科学数据确权、数据资源安全、数据分析应用关键技术及复合型数据人才等方面提出进一步促进我国科学数据资源建设与发展的对策建议与展望。

一、加快推动国家科学数据中心建设，提高资源管理与应用能力

科学数据中心是科研产出的重要体现，也是科技工作的重要内容，更是大数据时代开展数据密集型科学研究的重要载体和支撑手段。《数据办法》明确提出要建设国家科学数据中心。将国家科学数据中心作为国家层面科学数据资源管理和开放共享的重要载体，面向国家科技创新和学科领域、行业科技发展的重大需求，优化布局并加强体系建设。依托国家科学数据中心合理汇聚并规范管理相关学科领域科学数据资源，面向科技创新、政府决策、民生发展等提供资源共享服务。国家科学数据中心应立足科学数据全生命周期，打造科学数据资源中心、数据产品研发中心、数据评估中心和数据服务中心。同时，逐步推动基础好、条件有利的国家科学数据中心打造成国际化的科学数据汇聚高地、人才汇聚高地。

二、加强科学数据确权研究，提高科学数据共享利用效率

科学数据的权益不清已经成为影响科学家主动开放共享数据的制约因素之一，根本原因是我国缺少科学数据权益确定方面的法律法规，加强科学数据确权研究已经成为当务之急，唯有明权才能彻底解决当前开放共享中存在的权益问题，进一步推动开放共享。科学数据确权研究应与时俱进，在《国家安全法》《国家秘密法》《知识产权法》等现行法规的法律框架内，研究科学数据责、权、利的界定问题和权益保护边界，明确各权益方所拥有的数据权，有效避免利益相关方的数据权益冲突，提高科学数据开放共享、应用服务和分析挖掘等综合利用效率。

区块链等技术为科学数据权益保护提供了有效的技术手段，适当部署基于区块链技术的科学数据责、权、利的可信安全的记账方法，以及科学数据溯源、权利让渡和主动权益保护等关键技术，为落实科学数据权益法律法规和科学数据权益保护等问题提供行之有效的技术解决方案，促进科学数据的可控开放和合规利用。

三、加大数据资源整合力度，重点推进科技计划项目科学数据汇交

《数据办法》明确提出"政府预算资金资助的各级科技计划（专项、基金等）项目所形成的科学数据，应由项目牵头单位汇交到相关科学数据中心，各级计划（专项、基金等）项目管理部门应建立汇交科学数据、再验收科技计划（专项、基金等）项目的机制"。在已有科技计划项目科学数据汇交实践的基础上，继续大力推动科研项目管理与科学数据管理有效融合，明确汇交原则、管理主体、主要内容及工作流程，落实落细科学数据汇交工作。

在项目管理中应充分发挥项目牵头法人单位主体责任，制订汇交计划并开展数据采集加工与整理，并严格控制数据质量。推动科研项目科学数据有限向国家层面的科学数据平台或科学数据中心汇交，通过对科学数据进行规范化的分类编目、标识与加工整理，推动汇交科学数据的开放共享与服务。

四、推动科学数据出版，探索激励科学数据开放共享的有效途径

在现有科学数据出版期刊的基础上，继续加强基于科学数据出版支撑科学数据知识产权保护、促进数据开放共享的有效途径，进一步加快推动科学数据出版相关工作。加快建立数据出版各个环节的标准、流程、指南、规范及技术设施，逐步构建系统完整可行的科学数据出版工作体系。充分发挥科学数据平台、数据中心、数据仓储、知识库等在数据出版中的专业化作用，在为期刊出版机构提供基础设施支撑的同时，探索基于数据平台进行科学数据出版的认可机制。加快落实科学数据应用制度，是科学数据科技像学术论文一样被学术同行以标准化的方式引用，认可数据工作者的科技创新中的价值和贡献。

五、大力培养科学数据管理应用的复合型科技人才

数据驱动创新已经成为时代特征和大众共识，科学数据复合人才是数据驱动创新的关键。近年来，科学研究日益趋向于利用科学数据解决综合性、系统性的复杂问题，相应地需要熟悉学科领域、应用和计算的多面手集成型人才，因此需要在工作实践和应用场景中，建立有效的人才长期培养机制，组织培训、交流和学习，吸取国际先进经验和知识，

培养复合型科技人才，吸引国际人才并举，最终形成具有国际视野的科技人才队伍。同时，管理部门需要理顺数据管理人员在科研体系中的晋升通道，在岗位配置、绩效收入、职称评定等方面建立完善有效的激励机制，切实保障数据从业人员的各项基本利益，壮大数据从业人才队伍。

附录 A 省市科学数据管理实施细则内容简介

序号	发布机构	名称	发布时间	网址	简介
1	陕西省人民政府办公厅	陕西省科学数据管理实施细则	2018年8月	http://www.shaanxi.gov.cn/gk/zfwj/118759.htm	包括组织管理、数据采集与汇交、数据共享与利用、保密与安全、附则五部分内容。提出建立完善有效的奖惩机制，对本部门（本地区）所属法人单位的科学数据采集、加工、汇交、开放共享、安全保密、知识产权保护等工作开展评价考核
2	黑龙江省人民政府办公厅	黑龙江省贯彻落实《科学数据管理办法》实施细则	2018年8月	http://www.hljkjt.gov.cn/html/ZWGK/ZCFG/heilongjiang/show-27173.html	包括总则、职责、采集、汇交与保存、共享与利用、保密与安全、附则六部分内容。提出省科学数据中心由省里统一建设，省直相关部门可以委托具备较强科学数据资源整理和挖掘能力的法人单位建立部门科学数据中心，市（地）相关部门根据实际需求建立地方科学数据中心或特色科学数据资源管理系统，拥有较大体量科技数据资源或特色科学数据资源的法人单位可以建设单位科学数据中心

续表

序号	发布机构	名称	发布时间	网址	简介
3	甘肃省人民政府办公厅	甘肃省科学数据管理实施细则	2018年8月	http://www.gansu.gov.cn/art/2018/9/3/art_4827_390343.html	包括总则，职责，采集、汇交与保存，共享与利用，保密与安全，附则六部分内容。对科学数据中心的每项职责分别进行了补充细化。例如，提供全省科学数据服务工作：宣传、培训、咨询与技术支持的保障服务工作；审核全省相关单位科学数据汇交计划，并提出审核意见，对已按照相关要求汇交并审核通过的科学数据出具项目数据汇交证明；面向政府决策开展相关大数据分析工作等
4	云南省人民政府办公厅	云南省科学数据管理实施细则	2018年9月	http://www.yn.gov.cn/zwgk/zcwj/yzfb/201911/t20191101_184082.html	包括总则，组织管理，数据采集、汇交与保存，数据共享与利用，扶持与监督，附则六部分内容。提出使用区块链等进行数据采集与管理，使数据以区块链技术建设形成分布式、多元化的科学数据中心不可篡改、不可撤销
5	湖北省人民政府办公厅	湖北省科学数据管理实施细则	2018年11月	http://www.hubei.gov.cn/govfile/ezbf/201811/t20181121_1371232.shtml	包括总则，组织管理，采集（征集）、加工、保存与汇交，共享与利用，保密与安全，附则六部分内容。对科学数据质量评价指标体系和详细操作要求。例如，完整性评价要求审查科学数据是否缺失；属性记录是否包括一致性评价体、准确性评价、及时性评价、合法性评价

续表

序号	发布机构	名称	发布时间	网址	简介
6	安徽省人民政府办公厅	安徽省科学数据管理实施办法	2018年11月	http://sjzyj.ah.gov.cn/public/7061/39388609.html	包括总则、科学数据的管理职责、科学数据中心建设、科学数据的汇交、科学数据的开放共享、科学数据的保密安全，附则七部分内容。提出省科研领域科学数据中心及省行业领域科学数据中心应建立科学数据共享门户网站，面向公众提供科学数据在线检索、摘要浏览等数据共享服务。公开发布科学数据共享有关的标准规范和管理规定；提供与各专业网站、国家科学数据中心及其他国内外知名数据服务网站的纵向链接及横向链接等服务
7	内蒙古自治区人民政府办公厅	内蒙古自治区科学数据管理办法	2018年11月	http://www.nmg.gov.cn/art/2018/11/20/art_5554_6326.html	包括总则、职责、科学数据采集、汇交与保存、科学数据共享与利用、科学数据保密安全，附则六部分内容。提出科学数据中心分为自治区科学数据中心（一级）和其他科学数据中心（二级）。全区各级政府财政预算资金资助的各级科技计划项目所形成的科学数据，应由项目牵头单位汇交到二级科学数据中心，再由二级科学数据中心汇交到自治区科学数据中心。接收数据的科学数据中心应出具汇交凭证

续表

序号	发布机构	名称	发布时间	网址	简介
8	广西壮族自治区人民政府办公厅	广西科学数据管理实施办法	2018年12月	http://www.gxzf.gov.cn/zwgk/zfwj/20190104-730074.shtml	包括总则，职责，采集、汇交与保存，共享与利用，保密与安全，附则六部分内容。提出全区各级数据中心之间应通过广西科学数据交换平台交换数据，建立数据共享服务体系，建立和完善数据共享技术体系，促进法人单位之间的数据资源共享。广西科学数据共享交换平台应向社会提供可公开性科学数据的开发应用接口

附录 B 国内有关领域科学数据资源所在机构

序号	主要科学数据资源	依托单位	主管部门	所在省市	资源概述
1	高能物理科学数据	中科院高能物理研究所	中科院	北京市	整合北京正负电子对撞机（BEPC II /BES III）、大亚湾中微子实验（Daya Bay）、江门中微子实验（JUNO）、羊八井国际宇宙线观测站、高海拔宇宙线观测站（LHAASO）、大型强子对撞机（LHC）实验、太空宇宙线实验等数据，已经累计产生 16 PB，占国内高能物理数据量的 95% 以上
2	核科学数据	中国原子能科学研究院	国资委	北京市	整合评价核数据、实验核数据、原子核特性数据、医用同位素数据、核天体数据、常用核衰变数据、钍铀循环专用核数据，其中，核评价数据库编纂整理了国际上 6 个主要评价核数据库的 2800 多个核素的全套中子核反应数据，数据量约 555 GB
3	化学科学数据	中科院过程工程研究院、中科院上海有机化学研究所、中科院长春应用化学研究所	中科院	北京市	包括量化处理化合物结构 5000 种；收集整理 30 万种化合物生物活性数据，入库约 20 万种；去重处理前登录化合物达 850 万种

续表

序号	主要科学数据资源	依托单位	主管部门	所在省市	资源概述
4	天文科学数据	中科院国家天文台	中科院	北京市	整合LAMOST望远镜、SDSS镜像、万维望远镜（WWT）、丽江2.4米望远镜、南极CSTAR望远镜、BATC大视场多色巡天等的图像数据、射电数据、光谱数据等，数据量约193 TB
5	天文科学数据	中科院紫金山天文台	中科院	北京市	整合暗物质粒子探测、天体测量、太阳射电、南极天文观测、太阳光谱等数据超过200 TB
6	空间科学数据	中科院国家空间科学中心	中科院	北京市	数据资源涵盖空间物理、空间天文、行星科学、空间地球科学四大学科，已建成24个专业数据库，数据资源总量达PB级
7	对地观测科学数据	中科院遥感与数字地球研究所	中科院	北京市	累计存档近10 PB观测数据，其中具有共享价值的二级以上产品约4 PB。目前，在轨的中国地球观测卫星接近50颗，每年可产生2 PB以上的观测数据
8	北斗/GNSS精密观测数据	中科院国家授时中心	中科院	陕西省	主要包括400多个全球跟踪站网的北斗/GPS/GLONASS/Galileo四大全球卫星导航系统的精密观测数据，以及卫星轨道、卫星钟差、全球电离层延迟、对流层延迟等系列精密产品。2018年新增数据量2.3 TB，资源总量大于5 TB

续表

序号	主要科学数据资源	依托单位	主管部门	所在省市	资源概述
9	测绘科学数据	国家基础地理信息中心	测绘局	北京市	整合全国测绘成果资料和档案资料
10	冰川冻土沙漠	中科院寒区旱区环境与工程研究所	中科院	甘肃省	资源涵盖野外观测、调查考察、试验实验、测试分析、项目汇交、数值模拟、多源遥感、工程施工、交换镜像、加工生产10种数据来源，总量达112 TB，聚合了60%以上国内寒区旱区研究领域科学数据
11	青藏高原科学数据	中科院青藏高原研究所	中科院	北京市	大气、冰冻圈、水文、生态、地质、地球物理、自然资源、基础地理、社会经济等共1100多个数据集，关系数据超过14亿行，数据总量达30 TB
12	湖泊-流域科学数据	中科院南京地理与湖泊研究所	中科院	江苏省	国内唯一以湖泊及其流域为对象的综合研究机构，整合全国湖泊-流域基础数据，重点湖泊-流域专题数据，数据量约7 TB，记录数超过387万条
13	盐湖资源与环境科学数据	中科院青海盐湖研究所	中科院	青海省	整合了基于野外实地调查和多源数据集成而来的中国近1000个盐湖的基本信息数据、多期盐湖数量、面积、气象、盐湖分布区landsat卫星影像原始数据、盐湖区表生环境现状、盐湖水量、盐湖类型、资源种类、高分影像数据集等共十二大类数据，数据量约达570 GB

续表

序号	主要科学数据资源	依托单位	主管部门	所在省市	资源概述
14	地理资源科学数据	中科院地理科学与资源研究所	中科院	北京市	涵盖基础地理、大气、土壤、冰川/冻土、沙漠、海洋、古环境、湖泊/流域、要素特色专题库群、地球物理等多学科，多总量超过1.0 PB，覆盖本领域同类资源85%以上
15	土壤科学数据	中科院南京土壤研究所	中科院	江苏省	整合全国土壤资源、土壤肥力、土壤环境、典型地域、重大项目等数据，2018年新增数据记录超过2万条，整合后的数据量在中科院本领域的覆盖率超过65%
16	黄土高原科学数据	中科院水利部水土保持研究所	中科院	陕西省	形成了具有鲜明的地域特色和以土保持与水土保持为主的数据资源，包括基础地理、水文水资源、土地资源与利用、土壤侵蚀与泥沙、气候与气象要素、水土保持与环境效应、植物资源与植被、土壤土地生产力、土地沙漠化、遥感、社会经济、科技文献等数据集
17	极地科学数据	中国极地研究中心	海洋局	上海市	收集和保存的数据资源已达500 TB，包括34次南极考察、8次北冰洋考察和14次黄河站考察获得的科学数据，约占全部数据资源的90%

续表

序号	主要科学数据资源	依托单位	主管部门	所在省市	资源概述
18	东北黑土科学数据	中科院东北地理与农业生态研究所	中科院	吉林省	整合东北区域与粮食生产和黑土资源保护有关的科学数据，主要包括基础地理数据、自然资源数据、环境变化数据及社会经济等数据集
19	气象科学数据	国家卫星气象中心	气象局	北京市	整合数据包括我国自主研制的FY2系列静止卫星和FY1、FY3系列极轨卫星，以及通过数据交换和直收获取的NOAA、MODIS等欧美卫星，合计23颗。数据涵盖L1级数据及大气、陆表、海洋等五大系列92类。数据量约4.2 PB，超过1亿条
20	地震科学数据	中国地震台网中心	地震局	北京市	整合全国地震观测、地震探测、地震调查（考察）、地震试验与实验、地震专题、防震减灾类数据及其他地震科学数据达360 TB，形成了100余个覆盖测震、电磁、形变等学科门类的数据集
21	海洋科学数据	国家海洋信息中心	海洋局	天津市	整合管理国家海洋重大专项、南北极考察与测绘、大洋科学考察、业务化观测监测，以及国际合作交换资料，接收军队、地方、涉海部委和企业海洋观测调查数据，建设运行我国新一代海洋综合数据库，累计数据总量约为2.09 PB

续表

序号	主要科学数据资源	依托单位	主管部门	所在省市	资源概述
22	海洋科学数据	中科院海洋研究所	中科院	青岛市	负责中科院系统内海洋观测数据、调查航次数据和历史数据的收集、处理、存储和管理，整合中科院海洋先导专项数据、近海观测数据、国家自然科学基金委员会开放调查航次数据、深海潜标数据、国际共享资料、国内历史资料、海洋科学基础信息等，已存储入库的数据量达231.5 TB
23	农业基础科学数据	中国农科院农业信息研究院	农业农村部	北京市	整合了作物科学等12个农业核心学科/领域科学研究的过程和结果数据，共734个数据集，总数据量达760 TB
24	林业基础科学数据	中国林科院资源信息研究所	林业局	北京市	整合了森林资源、湿地资源、荒漠化资源、林业生态环境、森林保护、森林培育、木材科学与技术、林业科技基础数据、林业科学研究专题数据和林业行业发展十大类别的林业科学数据，提供数据共享服务。当前，该平台收集、整合、集成实体数据达1172.52 GB 168个数据库，数据实体总量达
25	植物基础科学数据	中科院植物研究所	中科院	北京市	整合数据包括植物名录、图片、文献、标本、药用资源、种质、化石等类型，已经整合和开放的资源总量达到3 TB

续表

序号	主要科学数据资源	依托单位	主管部门	所在省市	资源概述
26	动物基础科学数据	中科院动物研究所	中科院	北京市	联合中科院昆明动物研究所、上海生命科学研究院植物生理生态研究所、成都生物研究所、水生生物研究所联合建设动物学科领域基础数据库31个,整合数据包括名录、文献、图谱、标本等,总记录数超过220万条,资源达到0.3 TB,整合数据资源量覆盖率超过80%
27	野生鸟类科学数据	鸟网	—	辽宁省	中国最大的野生鸟类图片库,各类野生鸟类图片、野生动植物图片、自然地理、人文及其他生态类图片4000多万张,其中,鸟类图片已经覆盖了中国全部1445种,以及世界万种鸟类的三分之一
28	水产种质科学数据	中国水产科学研究院信息技术研究中心	农业农村部	北京市	整合全国水产种质资源及水生生物资源,数据量超过4万条,其中标准化表达了3.5万条资源记录
29	濒临物种科学数据	中华人民共和国濒危物种科学委员会	中科院	北京市	整合国家重点保护野生濒危物种,包括物种基本信息、物种种群现状、资源利用状况等数据,数据量为502条
30	青海湖流域科学数据	中科院计算机网络信息中心	中科院	北京市	整合青海湖区域动物种调查数据、青海湖区域植被调查数据、青海湖生物信息、青海湖区域本底、青海湖区域文献资料等数据,数据量约18 TB

· 99 ·

续表

序号	主要科学数据资源	依托单位	主管部门	所在省市	资源概述
31	基因组学科学数据	中科院北京基因组研究所	中科院	北京市	内容涵盖基因组、变异组、转录组、表观组等50余个数据库系统，数据总量达4 PB，同时，整合建立10余个综合性动植物组学知识库系统
32	基因组学科学数据	华大基因	—	广东省	整合中国人及中国特色的动植物基因组数据
33	蛋白质组学科学数据	中国人民解放军军事医学科学院	中央军委	北京市	整合蛋白质组学科学数据
34	生物信息科学数据	北京大学生物信息中心	教育部	北京市	维护着国内最大的生物信息在线资源，为用户提供各类生物信息学资源在线服务
35	生物信息科学数据	上海生物信息技术研究中心	上海科学院	上海市	建立和发展了包括国际、国内主要生物信息资源数据库在内的整合的数据库体系，建立技术标准及可操作的生物信息资源汇交平台
36	生物信息科学数据	华中科技大学	教育部	湖北省	建立和维护在线生物信息数据库20多个

续表

序号	主要科学数据资源	依托单位	主管部门	所在省市	资源概述
37	微生物科学数据	中科院微生物研究所	中科院	北京市	数据资源总量超过300 TB，数据记录超过40亿条，数据内容完整覆盖微生物资源、微生物及交叉技术方法，研究过程及工程、微生物组学、微生物技术及微生物文献、成果微生物专利、专家、等微生物研究的全生命周期
38	病原生物科学数据	中国医学科学院病原生物学研究所	卫健委	北京市	整合病毒基因、细菌、致病菌毒、传染病等数据资源
39	基础医学科学数据	中国医学科学院基础医学研究所	卫健委	北京市	整合中国人群亚健康现况调查数据，病毒、肿瘤RNA、尿蛋白质组、生物基因型-表型关系知识、实验细胞等数据库，多种本体和语义数据库等，数据量超过5 TB
40	临床医学科学数据	中国人民解放军总医院	军委后勤保障部	北京市	整合中国青年人生命体质信息、中国人体成分数据，前列腺肿瘤、动态心电、肺癌、非小细胞肺癌化疗、慢性阻塞性肺疾病（COPD）临床与随访数据等临床业务数据，数据量超过110 GB
41	公共卫生科学数据	中国疾控中心信息中心	卫健委	北京市	整合自2004年网络直报以来报告的全部法定报告传染病数据，主要内容包括分地区、性别、职业和病种多维度的发病人数、发病率、死亡人数和病死率等数据

续表

序号	主要科学数据资源	依托单位	主管部门	所在省市	资源概述
42	用药科学数据	丁香园	—	浙江省	整合药品说明书，可通过药品中文名称、首字母简拼、商品名、通用名找到目标药品，通过疾病名称找到各科室常用药品，汇集常见药品相互作用数据，并有参考文献来源，方便医生临床用药时参考；通过药品颜色、形状、剂型，可准确定位到不知名的药品。数据条目超过10万条
43	中医药信息科学数据	中国中医科学院中医药信息研究所	中医药管理局	北京市	整合包括各种民族药物、中医药物、中医防治各种疾病、中医方剂、古籍等，共计49个资源相对丰富、条件比较成熟、在国内外最具影响的中医药信息数据库
44	药学科学数据	中国医学科学院药物研究所	卫健委	北京市	整合全国药物靶点、药用天然产物提取物、天然产物化学成分、虚拟化合物、药物分析方法、临床合理用药、药用植物生态图片、中药材X衍射、代谢组学、医药研发专利等数据，数据量超过12万条
45	药品安全科学数据	国家药品监督管理局信息中心	国务院	北京市	整合国内药品、OTC说明书、进口药品、药品商品用名通用名、药品生产企业、药品不良反应等数据，数据量约为21.3万条
46	老年疾病科学数据	首都医科大学宣武医院	卫健委	北京市	整合老年慢性脑血管病、认知障碍、老年综合评估、急重症、急性脑血管病、心脑血管联合等数据，1480余例患者的临床诊疗及影像检查资料

续表

序号	主要科学数据资源	依托单位	主管部门	所在省市	资源概述
47	乳腺癌科学数据	中国医学科学院北京协和医院	卫健委	北京市	整合乳腺癌多组学、精准病理诊断、生物样本、细胞生物治疗、放疗、临床研究登记与科研分析等数据，数据量超过35万条，数据量约530 GB
48	中国流动人口卫计生动态监测调查数据	国家卫生健康委流动人口服务中心	卫健委	北京市	整合中国多个地区流动人口和户籍人口迁移流动、健康基本情况，包括婚育情况、健康状况、医疗服务、养老安排、经济状况等数据。数据记录超过百万条
49	肿瘤防治数据库	中国医学科学院肿瘤研究所	卫健委	北京市	整合国内肿瘤发病死亡数据、人群防治数据、肿瘤临床信息等
50	生殖健康科学数据	国家卫生计生委科学技术研究所	卫健委	北京市	整合人类妊娠生育、不孕不育、生长发育全生命周期及生殖相关疾病，包括环境、营养、遗传、行为和心理等方面的数据和人口学变量数据
51	脑卒中科学数据	国家卫生计生委脑卒中筛查与防治工程委员会办公室	卫健委	北京市	整合全国31个省（区、市）318家基地医院、1080家二级医院、2700余家社区和乡镇医疗卫生机构的筛查、随访、住院数据，形成了目前国内外最大规模的脑卒中数据基地网络，收录筛查数据1000余万例

国内有关领域科学数据资源所在机构 附录 B

续表

序号	主要科学数据资源	依托单位	主管部门	所在省市	资源概述
52	病毒科学数据	中科院武汉病毒研究所	中科院	湖北省	整合我国病毒学科的各类病毒活体毒株的保存数据,包括背景、遗传、流行特征及交流等,数据记录超过2246万条记录,数据量超过1.5 TB
53	材料腐蚀与防护	北京科技大学	教育部	北京市	持续开展了黑色金属、有色金属、建筑材料、涂镀层材料及高分子材料五大类,600余种材料,最长达35年的野外试验数据和连续观测数据,总数据量超过1800万条,在全国同类数据资源中占比超过80%
54	材料科学数据	中科院金属研究所	中科院	辽宁省	整合金属材料、无机非金属材料、高分子材料节点、纳米材料节点,数据量达到22万条
55	材料科学数据	中科院宁波工业技术研究院	中科院	浙江省	整合非晶材料、复合材料、腐蚀与失效材料、材料评价等数据
56	交通运输科学数据	交通运输部科学研究院	交通运输部	北京市	整合交通运力运量数据、国内外交通运输统计资料,工程设计施工标准规范数据、交通运输事故统计数据、交通运输科技项目、成果、研究报告等基础数据
57	机械制造科学数据	机械科学研究总院	国资委	北京市	整合模具设计、模具加工制造、模具材料、模具热处理、模具失效分析等数据

续表

序号	主要科学数据资源	依托单位	主管部门	所在省市	资源概述
58	仪器仪表科学数据	机械工业仪器仪表综合技术经济研究所	国资委	北京市	整合仪器仪表与检测技术数据库，包括先进的测量、控制原理和方法，先进控制系统和工业通信协议（现场总线、工业以太网），敏感元件和传感器关键技术，E/E/PE系统的功能安全和安全完整性水平，仪用集成电路，功能材料等

附录 C 国外主要领域科学数据资源所在机构

领域	英文名称	中文名称	所在国家	网址
物理	Fermilab	费米实验室	美国	http://www.fnal.gov/
	High Energy Astrophysics Science Archive Research Center (HEASARC)	美国高能物理科学数据中心	美国	http://heasarc.gsfc.nasa.gov/
	Spallation Neutron Source (SNS)	美国散裂中子源	美国	http://neutrons.ornl.gov/sns
	ISIS pulsed neutron and muon source (ISIS)	英国散裂中子源	英国	http://www.isis.stfc.ac.uk/
	World Data Center for Geomagnetism, Kyoto	日本世界地磁数据中心	日本	http://wdc.kugi.kyoto-u.ac.jp/
	High Energy Accelerator Research Organization (KEK)	日本高能加速器研究机构	日本	http://www.kek.jp/en
天文	European Southern Observatory (ESO)	欧洲南方天文台	德国（总部）	http://www.eso.org/public/
	Solar Dynamics Observatory (SDO)	美国太阳动力学天文台	美国	http://sdo.gsfc.nasa.gov/
	Sloan Digital Sky Survey (SDSS)	斯隆数字巡天	美国	http://www.sdss.org/
	Centre de Données astronomiques de Strasbourg (CDS)	斯特拉斯堡数据中心	法国	http://cdsweb.u-strasbg.fr/

国外主要领域科学数据资源所在机构 附录 C

续表

领域	英文名称	中文名称	所在国家	网址
天文	Canadian Astronomy Data Centre (CADC)	加拿大天文数据中心	加拿大	http://www.cadc-ccda.hia-iha.nrc-cnrc.gc.ca/en/
	National Astronomical Observatory of Japan (NAOJ)	日本国立天文台	日本	http://www.nao.ac.jp/
空间	National Space Science Data Center (NSSDC)	美国国家空间科学数据中心	美国	http://nssdc.gsfc.nasa.gov/
	Space Telescope Science Institute (STScI)	美国空间望远镜科学研究所数据中心	美国	http://www.stsci.edu/portal/
	Harvard Smithsonian Center for Astrophysics (CfA)	哈佛-史密森天体物理研究中心	美国	https://www.cfa.harvard.edu/
	European Space Agency (ESA)	欧洲空间局科学数据中心	意大利	http://www.esa.int/ESA/
	World Resources Institute (WRI)	世界资源研究所	美国	http://www.wri.org/
基础	Organization for Economic Co-operation and Development - Nuclear Energy Agency (OECD-NEA)	欧洲经济合作与开发组织核能署	欧洲等多个成员国	http://www.oecd-nea.org/
	International Atomic Energy Agency-Nuclear Data Section (IAEA-NDS)	国际原子能机构核数据科	奥地利	https://www.iaea.org/resources/databases/nuclear-data-services
	National Nuclear Data Center (NNDC)	美国核数据中心	美国	http://www.nndc.bnl.gov/
	Institute of Nuclear Power Operations (INPO)	核动力研究所	美国	http://www.inpo.info/

· 107 ·

续表

领域	英文名称	中文名称	所在国家	网址
基础	European Organization for Nuclear Research	欧洲核子研究组织	瑞士（总部）	http://home.cern/
	Japan Atomic Energy Agency, Nuclear Data Center	日本核数据中心	日本	http://wwwndc.jaea.go.jp/index.html
	American Chemical Society（ACS）	美国化学学会	美国	http://pubs.acs.org/
生态	International Long-Term Ecological Research Network（ILTER）	国际长期生态研究网络	成员组织国轮值	https://www.ilter.network/
	National Centers for Environmental Prediction（NCEP）	美国国家环境预报中心	美国	http://www.ncep.noaa.gov/
	National Centers for Environmental Information（NCEI）	美国国家环境信息中心	美国	http://www.ngdc.noaa.gov/
	Global Flux observation Network（FLUXNET）	全球陆地通量观测网	美国	https://daac.ornl.gov/cgi-bin/dataset_lister.pl?p=9
	UK Environmental Change Network（ECN）	英国环境变化观测网络	英国	http://www.ecn.ac.uk/
	Terrestrial Ecosystem Research Network（TERN）	澳大利亚陆地生态系统研究网络	澳大利亚	http://www.tern.org.au/
	World Data Centre for Greenhouse Gases（WDCGG）	世界温室气体数据中心	日本	https://gaw.kishou.go.jp/

附录 C 国外主要领域科学数据资源所在机构

续表

领域	英文名称	中文名称	所在国家	网址
气象	World Meteorological Organization (WMO)	世界气象组织	瑞士	http://www.wmo.int/
	European Centre for Medium-Range Weather Forecasts (ECMWF)	欧洲中期天气预报中心	英国（总部）	http://wwww.ecmwf.int/
	Climatic Research Unit (CRU)	东英吉利大学气候研究组织	英国	http://www.cru.uea.ac.uk/
	Space Weather Services (SWS)	澳大利亚政府气象局空间天间服务	澳大利亚	http://www.sws.bom.gov.au/
	Japan Meteorological Agency (JMA)	日本气象厅	日本	http://www.jma.go.jp/jma/index.html
	Korea Meteorological Administration (KMA)	韩国气象厅	韩国	http://www.kma.go.kr/
海洋	International Oceanographic Data and Information Exchange (IODE)	国际海洋数据和信息交换委员会	比利时	http://www.iode.org/
	Global Ocean Observing System (GOOS)	全球海洋观测系统	法国	http://wwww.ioc-goos.org/
	Global Sea Level Observing System (GLOSS)	全球海平面观测系统	法国	https://www.gloss-sealevel.org/
	SeaDataNet	泛欧洲海洋基础设施网络	欧盟	http://wwww.seadatanet.org/
	National Oceanic and Atmospheric Administration (NOAA)	美国国家海洋和大气管理局	美国	http://www.noaa.gov/
	Woods Hole Oceanographic Institution (WHOI)	美国伍兹霍尔海洋研究所	美国	http://www.whoi.edu/

续表

领域	英文名称	中文名称	所在国家	网址
海洋	Scripps Institution of Oceanography	美国斯克里普斯海洋学研究所	美国	https://scripps.ucsd.edu/
	British Oceanographic Data Centre (BODC)	英国海洋数据中心	英国	http://www.bodc.ac.uk
	IFREMER	法国海洋开发研究院	法国	http://wwz.ifremer.fr/
	Helmholtz Centre for Ocean Research Kiel	德国亥姆霍兹海洋研究中心	德国	http://www.geomar.de/
	Ocean and Ice Services (COI)	海洋和海冰服务中心	丹麦	http://ocean.dmi.dk/arctic/icecover.uk.php
	Australian Institute of Marine Science (AIMS)	澳大利亚海洋科学研究所	澳大利亚	http://www.aims.gov.au/
	Bedford Institute of Oceanography	加拿大贝德福德海洋研究所	加拿大	http://www.bio.gc.ca/
	Japan Oceanographic Data Center (JODC)	日本海洋数据中心	日本	http://www.jodc.go.jp/
	Japan Agency For Marine-earth Science and Technology	日本海洋科学技术中心	日本	http://www.jamstec.go.jp/
	Korea Oceanographic Data Center (KODC)	韩国海洋数据中心	韩国	http://kodc.nifs.go.kr/
生物	Global Biodiversity Information Facility (GBIF)	全球生物多样性信息网络	丹麦	https://www.gbif.org/
	FishBase	世界鱼类数据库	菲律宾（总部）	http://www.fishbase.org

附录C 国外主要领域科学数据资源所在机构

续表

领域	英文名称	中文名称	所在国家	网址
生物	Encyclopedia of Life（EOL）	网络生命大百科	美国	http://www.eol.org
	National Center of Biotechnology Information（NCBI）	美国国家生物技术信息中心	美国	http://www.ncbi.nlm.nih.gov/
	Biodiversity Heritage Library（BHL）	生物多样性遗产图书馆	美国	http://biodiversitylibrary.org/
	PubChem	有机小分子生物活性数据库	美国	http://pubchem.ncbi.nlm.nih.gov/
	Protein Data Bank（PDB）	蛋白质数据库	美国	http://www.wwpdb.org/
	Species 2000	物种2000	英国	http://www.sp2000.org/
	Chemical Entities of Biological Interest（ChEBI）	分子生物活性的数据库	欧洲	http://www.ebi.ac.uk/chebi/
	EMBL-European Bioinformatics Institute（EBI）	欧洲生物信息研究所-欧洲分子生物学实验室	欧洲	http://www.ebi.ac.uk/
	Kyoto Encyclopedia of Genes and Genomes（KEGG）	京都基因与基因组百科全书数据库	日本	http://www.kegg.jp/
医学	National Guideline Clearinghouse（NGC）	美国国立临床诊疗指南数据库	美国	http://www.guideline.gov/
	National Library of Medicine（NLM）	美国国立医学图书馆	美国	https://www.nlm.nih.gov/
	Centers for Disease Control and Prevention（CDC）	美国疾病预防控制中心	美国	http://www.cdc.gov/
	Pharmaprojects	药物综合信息数据库	英国	http://www.citeline.com/products/pharmaprojects/

续表

领域	英文名称	中文名称	所在国家	网址
医学	The George Institute for Global Health	乔治全球健康研究所	澳大利亚	http://www.georgeinstitute.org.cn/
	Hamilton Health Sciences（HHS）	汉密尔顿人口健康研究所	加拿大	http://www.hamiltonhealthsciences.ca/
交通	International Road Federation（IRF）	国际道路联盟	美国（总部）	http://www.irfnet.org/
	Institute of Shipping Economics and Logistics（ISL）	德国不来梅航运经济与物流研究所	德国	http://www.isl.org/
	Transportation Research Board（TRB）	美国国家科学院交通运输研究委员会	美国	http://trb.org/
	Policy Research Institute for Land, Infrastructure, Transport and Tourism（PRILIT）	国土交通政策研究所	日本	http://wwww.mlit.go.jp/pri/
	World Federation of Orthodontists（WFO）	世界铸造组织	美国、法国等	http://wwww.wfo.org/
材料	Metcut Research Inc.	金属切削联合研究公司	美国	http://wwww.metcut.com/
	National Association of Corrosion Engineers（NACE）	美国腐蚀工程师协会	美国（总部）	http://wwww.nace.org/home.aspx
	Corrosion and Protection Centre, the University of Manchester	英国曼彻斯特大学腐蚀中心	英国	http://wwww.materials.manchester.ac.uk/our-research/research-groupings/corrosion-and-protection/

续表

领域	英文名称	中文名称	所在国家	网址
材料	Infos	Infos 切削数据库	德国	http://www.rwth-aachen.de/
材料	Centre Belge dEtudede la Corrosion (Cebelcor)	比利时腐蚀研究中心	比利时	http://wwww.cebelcor.org/
材料	Total Materia	全球材料性能数据库	瑞士	http://apac.totalmateria.com/
材料	Material Properties Open Database (MPOD)	材料属性开放数据库	墨西哥	http://mpod.cimav.edu.mx/
材料	Crystallography Open Database (COD)	晶体学开放数据库	法国	http://www.crystallography.net/
材料	TRIBOCOLLECT	TRIBOCOLLECT 摩擦学数据库	德国	https://www.bam.de/Content/DE/Standardartikel/Leistungen/Informationsdienst/infodienst-accordion-datenbanken.html
极地	National Institute of Polar Research Repository	国家极地研究所存储库	日本	https://nipr.repo.nii.ac.jp/
农业	Consultative Group on International Agricultural Research (CGIAR)	国际农业研究磋商组织	英国	http://wwww.cgiar.org/
光学	MODerate-resolution Imaging Spectroradiometer (MODIS)	中分辨率成像光谱仪	美国	http://modis.gsfc.nasa.gov/

附录 D 世界数据系统（WDS）成员名单

序号	成员名称	学科领域	所在国家/地区	网址
1	联合地震研究所	地球科学、地震学、大地电磁、气象原位数据、气压、海洋传感器、超导重力仪、次声	美国	http://www.iris.edu
2	WDC-地理信息学与可持续发展	太空科学、地球科学、文化与种族研究、经济学、地理、社会学、计算机科学、数学、统计、系统科学、环境研究与林业	乌克兰	http://wdc.org.ua
3	WDC-土壤	地球科学、地理、农业、环境研究与林业、土壤科学	荷兰	http://wwww.isric.org/about/world-data-centre-soils-wdc-soils
4	世界气候大会	地球科学、气候模拟	德国	http://www.wdc-climate.de
5	WDC-气象学，阿什维尔	地球科学、气候科学及相关数据管理	美国	http://gosic.org/wdcmet
6	史特拉斯堡唐尼天文学中心	太空科学、天文学	法国	http://cdsweb.u-strasbg.fr/
7	苏黎世世界冰川监测处	地球科学、地理、冰川学	瑞士	http://www.wgms.ch/

续表

序号	成员名称	学科领域	所在国家/地区	网址
8	澳大利亚南极数据中心	大空科学、地球科学、生命科学、化学、物理、地理、环境研究与林业	澳大利亚	http://data.aad.gov.au/
9	中国天文数据中心	天文学、大空科学、物理学	中国	http://explore.china-vo.org/
10	可再生资源与环境数据中心	地球科学、地理、环境研究与林业、领域研究、自然资源、生态学、地球信息学	中国	http://eng.wdc.cn
11	法兰德斯海洋研究所数据中心	生命科学、计算机科学、环境研究与林业、生物学、生物多样性、生物地理学、分类学、海洋学、信息和通信技术、数据管理	比利时	http://wwww.vliz.be/en
12	世界海洋学数据服务	地球科学、海洋学	美国	http://wwww.nodc.noaa.gov/
13	国际地球自转和参考系统	大空科学、地球科学、地理、计算机科学、数学、统计、系统科学、大地测量学和参考系	德国	http://wwww.iers.org
14	台湾鱼类资料库	生命科学、农业、生命科学（生物多样性）、鱼类学	中国台湾	http://fishdb.sinica.edu.tw
15	海洋数据中心（天津）	地球科学、海洋科学	中国	http://wwww.nmdis.org.cn
16	世界地球物理数据服务	大空科学、地球科学、计算机科学	美国	http://wwww.ngdc.noaa.gov
17	地球与环境科学数据发布系统	地球科学、生命科学、地理、环境研究与林业	德国	http://wwww.pangaea.de/

续表

序号	成员名称	学科领域	所在国家/地区	网址
18	WDC-莫斯科太阳地面物理	太空科学、地球科学、地磁变化、电离层现象、宇宙射线、太阳活动和行星际介质（近空间）	俄罗斯	http://www.wdcb.ru/stp/index.en.html
19	WDC-太阳黑子指数和长期太阳观测	天文学、空间科学、统计、历史、太阳物理学、太阳活动（中长期）、日地关系和气候	比利时	http://www.sidc.be/silso
20	WDC-海洋学，奥布宁斯克	地球科学、理化海洋学	俄罗斯	http://www.meteo.ru/mcd/ewdcoce.html
21	WDC-大气遥感	太空科学、地球科学、化学、物理、地理、计算机科学、数学	德国	http://wdc.dlr.de
22	WDC-地磁，哥本哈根	太空科学、地球科学、地磁	丹麦	http://wwww.space.dtu.dk/English/Research/Scientific_data_and_models/World_Data_Cent
23	国际地磁指标服务	太空科学、地球科学、太阳地面物理、太空天气、地磁	法国	http://isgi.unistra.fr
24	WDC-地磁，爱丁堡	太空科学、地球科学、地磁	英国	http://www.wdc.bgs.ac.uk/
25	WDC-固体地球物理，莫斯科	地球科学、地震学、地磁（主磁场）、古地磁、重力法、地热学、近期运动、海洋地质学和地球物理学	俄罗斯	http://www.wdcb.ru/sep/index.html

续表

序号	成员名称	学科领域	所在国家/地区	网址
26	WDC-气象学，奥布宁斯克	地球科学、气象学	俄罗斯	http://www.meteo.ru/mcd/ewdcmet.html
27	WDC-太阳活动/BASS2000	天文学、太空科学、太阳物理学	法国	http://bass2000.obspm.fr
28	WDC-京都地磁	太空科学、地球科学、物理、地理、计算机科学、地磁	日本	http://wdc.kugi.kyoto-u.ac.jp/
29	跨学科地球数据联盟	地球科学	美国	http://www.iedadata.org
30	WDC-太空天气，澳大利亚	太空科学、电离层、太阳观测、地磁、太阳-地面物理学、空间天气	澳大利亚	http://www.sws.bom.gov.au/World_Data_Centre
31	橡树岭国家实验室分布式主动档案中心	地球科学、地理、环境研究与林业、陆地生态学、生物地球化学动力学、生态数据、环境过程	美国	https://daac.ornl.gov
32	世界压力图项目	地球科学、地球物理学、地球化学、地质学、自然资源	德国	http://www.world-stress-map.org
33	WDC-国家冰雪数据中心	地球科学、文化与种族研究、地理、极地和冰冻圈	美国	http://nsidc.org/
34	WDC-电离层和太空天气	太空科学、地球科学、电离层、太阳地球物理、太空天气	日本	http://wdc.nict.go.jp/wdc_e.html
35	乌克兰地理空间数据中心	地球科学、计算机科学、数学	乌克兰	http://inform.ikd.kiev.ua

续表

序号	成员名称	学科领域	所在国家/地区	网址
36	莫斯科地理数据中心	地理、环境系统的结构和演变、对环境的影响、资源的可持续管理、俄罗斯和岩石圈之国家的人文地理、大气、水圈和岩石圈之间相互作用、制图、地理信息学和遥感、地理和地球生态教育	俄罗斯	http://www.eng.geogr.msu.ru/structure/labs/WDC/
37	WDC-地球资源观测与科学	地球科学、地理、系统科学、环境研究与林业、遥感、土地变化科学、土地变化监测、评估和预测	美国	https://www.usgs.gov/centers/eros
38	语言档案	文化与民族研究、心理学、语言、人类学	荷兰	https://archive.mpi.nl/
39	世界古气候资料服务处	地球科学、气候学、全球变化	美国	http://www.ncdc.noaa.gov/paleo
40	数据优先	文化与民族研究、经济学、性别与性研究、地理、政治学、心理学、社会学、农业、环境研究与林业、家庭与消费者科学、卫生科学、交通、领域研究	南非	http://www.datafirst.uct.ac.za
41	世界微生物数据中心	生命科学、微生物学	中国	http://www.wdcm.org
42	戈达德地球科学数据和信息服务中心	地球科学、物理、地理、计算机科学、农业工程、大气科学、降水、水文学、全球建模、信息科学、系统工程	美国	http://disc.gsfc.nasa.gov/

世界数据系统（WDS）成员名单　附录D

续表

序号	成员名称	学科领域	所在国家/地区	网址
43	地壳动力学数据信息系统	太空科学、地球科学、物理、大地测量学、空间大地测量学	美国	http://cddis.nasa.gov
44	中国空间科学数据中心	天文学、太空科学、计算机科学、太空物理学、太空天气、行星科学	中国	http://www.cssdc.ac.cn
45	寒区旱区科学数据中心	地球科学、地理	中国	http://card.westgis.ac.cn
46	全球水文资源中心	地球科学、计算机科学、系统科学、环境研究与林业、水文循环、闪电、恶劣天气	美国	https://ghrc.nsstc.nasa.gov/home/
47	意大利天文档案中心－IA2	天文、空间科学	意大利	http://ia2.oats.inaf.it
48	大学间政治与社会研究联盟	经济学、性别与性研究、地理、政治科学、心理学、社会学、统计、家庭与消费者科学、卫生科学、历史、衰老、刑事司法、人口统计学、教育、法律、药物滥用	美国	http://www.icpsr.umich.edu
49	大气科学数据中心－DAAC	地球科学、大气科学、云、气溶胶、对流层化学	美国	http://eosweb.larc.nasa.gov/
50	WDC－孟买地磁	物理学、地球科学、航天科学、地磁学、固体地球地磁学和高层大气科学、航空学	印度	http://wdciig.res.in/WebUI/Home.aspx
51	加拿大天文数据中心	天文、空间科学	加拿大	http://www.cadc-ccda.hia-iha.nrc-cnrc.gc.ca/en/

续表

序号	成员名称	学科领域	所在国家/地区	网址
52	阿拉斯加卫星设施	地球科学、地理、领域研究、冰冻圈、极地过程、固体地球、磁层、阿拉斯加地理	美国	http://www.asf.alaska.edu/
53	加拿大海洋网络	地球科学、计算机科学、地球物理学、海洋科学、海洋生物学、生物化学、海洋工程	加拿大	oceannetworks.ca
54	社会经济数据和应用中心	地球科学、化学、文化与种族研究、经济学、地理、政治科学、社会学、计算机科学、统计、系统科学、农业、建筑与设计、商业、工程、环境研究与林业、卫生科学、交通、人类学、环境科学、可持续性科学、气候科学、信息系统科学	美国	http://sedac.ciesin.columbia.edu/
55	UNAVCO 数据中心	地球科学、大地测量学	美国	http://www.unavco.org/
56	土地流程分布式活动存档中心	地球科学、地理、农业、环境研究与林业、土地覆盖	美国	https://lpdaac.usgs.gov/
57	永久平均海平面服务	地球科学、物理、海平面、气候变化、海洋学、大地测量学	英国	http://www.psmsl.org/

续表

序号	成员名称	学科领域	所在国家/地区	网址
58	数据存档和网络服务	生命科学、经济学、性别与性别研究、政治学、心理学、社会学、卫生科学、人类学、考古学、历史、语言和语言学、社会文化科学、地理空间科学、行为科学、传播科学、人口统计学	荷兰	https://dans.knaw.nl/en
59	京都大学可持续人类圈研究所	天文学、太空科学、地球科学	日本	http://www.rish.kyoto-u.ac.jp/?lang=en
60	剑桥晶体学数据中心	化学、晶体学	英国	http://www.ccdc.cam.ac.uk/
61	全球生物多样性信息设施	生命科学	丹麦	http://www.gbif.org/
62	地球物理科学数据中心（北京）	太空科学、地球科学	中国	http://www.geophys.ac.cn
63	全球变化科学研究数据出版系统	地球科学、经济学、地理、农业、环境研究与林业、历史、地球生态系统	中国	http://www.geodoi.ac.cn
64	加拿大冰冻圈信息网络/极地数据目录	地球科学、生命科学、化学、文化与种族研究、经济学、地理、社会学、环境研究与林业、家庭与消费者科学、卫生科学、交通、历史、人类学、考古学、冰冻圈、极地	加拿大	https://www.polardata.ca

续表

序号	成员名称	学科领域	所在国家/地区	网址
65	瑞典国家数据服务	文化与民族研究、经济学、地理、政治科学、统计、环境研究与林业、家庭与消费者科学、健康科学、考古学	瑞典	https://snd.gu.se/en
66	俄罗斯科学院天文研究所天文数据中心	天文、空间科学	俄罗斯	http://www.inasan.ru/en/divisions/dpss/cad/
67	海洋生物学数据活动档案中心	地球科学、生命科学、环境研究与林业、健康科学	美国	https://oceancolor.gsfc.nasa.gov/data/overview/
68	新肿瘤古生态数据库	地球科学、生命科学、环境研究与林业、人类学	美国	http://neotomadb.org
69	ImmPort存储库	生命科学	美国	http://www.immport.org
70	全球蛋白质数据库	生命科学、结构生物学	美国	www.wwPDB.org
71	澳大利亚数据档案馆	文化与民族研究、经济学、性别与性研究、政治学、心理学、社会学、商业、家庭与消费者科学、卫生科学、交通运输、历史、领域研究、社会科学	澳大利亚	https://ada.edu.au
72	国家地球科学数据中心	地球科学	英国	http://www.bgs.ac.uk/services/ngdc/home.html

续表

序号	成员名称	学科领域	所在国家/地区	网址
73	加州数字图书馆	天文学、太空科学、地球科学、生命科学、化学、物理学、文化与族裔研究、经济学、性别与性研究、地理、政治学、心理学、社会学、计算机科学、数学、统计学、系统科学、农业、建筑与设计、商业、工程、环境研究与林业、家庭与消费科学、卫生科学、交通运输、历史、语言和语言学、人类学	美国	https://wwww.cdlib.org
74	爱尔兰的数字资料库	文化与民族研究、经济学、性别与性研究、地理、政治学、心理学、社会学、建筑与设计、商业、家庭与消费者科学、历史、语言和语言学、人类学、考古学、领域研究、人文与社会科学	英国	https://wwww.dri.ie
75	挪威海洋数据中心	地球科学、海洋学	挪威	https://www.hi.no/en/hi/forskning/research-groups-1/the-norwegian-marine-data-centre-nmd

续表

序号	成员名称	学科领域	所在国家/地区	网址
76	调查研究数据档案	文化与民族研究、经济学、性别与性研究、地理、政治学、心理学、社会学、统计、消费者科学、卫生科学、交通运输、语言和语言学、区域研究	中国台湾	https://srda.sinica.edu.tw/
77	物理海洋学分布式主动档案中心	地球科学、海洋学	美国	https://podaac.jpl.nasa.gov
78	国家大气研究中心	地球科学、大气和海洋科学	美国	https://rda.ucar.edu/
79	戈达德航天中心 LAADS 分布式活动档案中心	地球科学	美国	https://ladsweb.modaps.eosdis.nasa.gov/
80	环境信息数据中心	地球科学、生命科学、环境研究与林业	英国	http://eidc.ceh.ac.uk/